Thema des Buchs sind Erfahrungen beim Bedenken der großen Sinnfrage, der Frage nach dem Sinn des Seins und des Lebens. Millionenfach hat man sie ausdrücklich oder unausdrücklich gestellt, aber auch zurückgewiesen, weil sie ein metaphysisches Bedürfnis artikuliere, das sich nicht einlösen lasse. Immanuel Kant hat die menschliche Vernunft als Urheberin dieser Frage ausgemacht. Und im Anschluss an ihn geht es in einigen Kapiteln des Buchs um die Verstörung, die beim Absturz aus einem metaphysischen Höhenflug eintritt. Ist dann kritische Selbstbeschränkung auf rational angehbare Probleme der Weisheit letzter Schluss? Die große Sinnfrage bleibt als Frage weiter virulent: Sie kommt angesichts von Leiden und Tod oder der Einbrüche des Bösen immer wieder neu auf. Wenn es nicht gelingt, sie in dogmatischer Entschlossenheit zu beantworten oder in gewiefter Skepsis aufzulösen, könnten doch Glaube oder Hoffnung oder gar Liebe an die Stelle von rationalen Argumenten treten. Im Anschluss an Theodor W. Adorno wird gezeigt, wie bei allen kritischen Vorbehalten die Hoffnung eine unscheinbare metaphysische Erfahrung in sich bergen kann. Derlei Erfahrung vermittelt kein Trugbild, aber – mit Paulus zu sprechen – ein rätselhaftes Spiegelbild des Wahren (1. Kor 13,12). Der fragile Befund nötigt zu einer generellen Analyse von Denkerfahrungen, die bei der philosophischen Arbeit an metaphysischen Problemen zu machen sind. Unser Denken leidet daran, dass es dem metaphysischen Bedürfnis nicht Genüge zu tun vermag. Das Problem, ob es für dieses Leiden eine Therapie gibt, spitzt sich im letzten Kapitel auf die Frage zu, ob und wie sich Philosophie die biblische Deklaration, Gott habe «die Weisheit der Welt zur Torheit gemacht» (1. Kor 1, 20), selbst zu eigen machen könnte.

Helmut Holzhey, geb. 1937, Studium der ev. Theologie (1956-1962) und der Philosophie (1962-1968), emer. Professor für Philosophie an der Universität Zürich (1978-2004). Veröffentlichungen zur Philosophie des 18. Jahrhunderts, insbesondere über Kant, zum Neukantianismus und zu verschiedenen Sachproblemen in der Philosophie der Gegenwart. Begründer der neueren Hermann Cohen-Forschung. Herausgeber des *Grundriss der Geschichte der Philosophie*, begründet von Friedrich Ueberweg.

Helmut Holzhey

«Wir sehen jetzt durch einen Spiegel»

Erfahrungen an den Grenzen
philosophischen Denkens

Schwabe Verlag Basel

MIX
Papier aus verantwortungsvollen Quellen
FSC® C068066

Schwabe Reflexe 50
Copyright © 2017 Schwabe AG Verlag, Basel, Schweiz
Dieses Werk ist urheberrechtlich geschützt. Das Werk einschließlich seiner Teile darf ohne schriftliche Genehmigung des Verlages in keiner Form reproduziert oder elektronisch verarbeitet, vervielfältigt, zugänglich gemacht oder verbreitet werden.
Lektorat: Barbara Handwerker Küchenhoff, Schwabe Verlag
Umschlaggestaltung: Heike Ossenkopp, h.o.pinxi // editorial design, Basel
Gesamtherstellung: Schwabe AG, Muttenz/Basel, Schweiz
Printed in Switzerland
ISBN Printausgabe 978-3-7965-3650-2
ISBN- E-Book (EPUB) 978-3-7965-3651-9

rights@schwabe.ch
www.schwabeverlag.ch

Inhalt

Einleitung 7
I Transzendenz – wohin des Wegs? 15
II Kritische Vernunft angesichts der Macht des Schicksals 27
III Das metaphysische Bedürfnis 45
IV Kritik der Vernunft und Selbstzerstörung 59
V Das Ende bedenken 73
VI Die Unerklärlichkeit des Bösen 87
VII Hoffnung und Wahrheit 107
VIII Erfahrungen 127
IX Denken im Modus des Leidens 143
Textnachweise 157

Einleitung

In diesem kleinen Buch ist von Fragen die Rede, die sich jedem Menschen irgendwann einmal stellen. Die Geläufigkeit der Fragen konstrastiert mit der Schwierigkeit ihrer Beantwortung. Ich spreche von Sinnfragen – eine vertraute Redeweise. Es gibt die kleinen Sinnfragen, wie sie sich bei den verschiedensten Geschehnissen und Vorhaben aufdrängen; es gibt auch die große Frage nach dem Sinn des Lebens überhaupt. «Hat es überhaupt noch einen Sinn, in Buchform zu publizieren?» – so könnte eine 'kleine' Sinnfrage lauten. Ein bestimmtes Vorhaben wird unter dem Gesichtspunkt geprüft, ob es in einen individuellen Zeit- und Lebensplan passt, ob es allgemeine Unterstützung finden dürfte, ob es verantwortbar ist usw.

Die 'große' Sinnfrage hat, wie es zunächst scheint, eine andere Signatur. Sie stellt sich unter den Bedingungen eines gewöhnlichen Lebens nicht alle Tage; sie gehört auch nicht zu den Fragen, die sich bei den üblichen Aktivitäten wie von selbst einfinden. Sehen wir von Menschen ab, die von Natur aus zu Grübelei und Tiefsinnigkeit neigen oder unter einer permanenten Lebensangst leiden, so hat sie ihre Auslöser meist in besonderen Ereignissen: einer schweren Erkrankung, einem Unfall, dem Tod eines nahestehenden Menschen, aber auch im plötzlichen Verlust einer sicheren Weltorientierung. Es sind das Geschehnisse, die ein Gefühl der Sinnlosigkeit provozieren, weil sie nicht mehr in gewohnter Weise verarbeitet werden können. Sich dann auf die Sinnfrage einzulassen, beinhaltet den Versuch, mit dem Widerfahrnis und seinen Folgen irgendwie zu Rande zu kommen. Offensichtlich ist dabei nicht mit einer schnellen und einfachen Antwort zu rechnen. Worin könnte aber überhaupt die Antwort bestehen? Was ist gesucht, wenn wir Sinn und gar den Sinn des (eigenen) Lebens suchen?

Für gewöhnlich leben wir in einer Welt, in der wir uns auskennen. Das Vertrautsein mit Dingen und Vorgängen, das die Normalität kennzeichnet, wird zwar immer wieder durch kleinere oder größere Fraglichkeiten durchbrochen. Weit entfernt davon, uns den Boden unter den Füßen wegzuziehen, sind diese Brüche und ihre Kittung vielmehr Elemente gelingenden Lebens. Wo Unvertrautes und Problematisches auftaucht, lässt sich mehr oder minder leicht bzw. schwer die um neue Erfahrungen bereicherte Vertrautheit wiederherstellen und eine Problemlösung finden. Dazu helfen Sachkenntnisse, das soziale Netz, die institutionell geregelten Verfahren der Problemlösung.

Für die Beantwortung der großen Sinnfrage fallen diese Hilfsmittel dahin. Denn stellt sie sich jemandem ernsthaft, und das heißt: drängt sie sich zwingend auf, dann kennt sich der oder die Betroffene gerade nicht mehr aus, er oder sie versteht «die Welt» nicht mehr, er oder sie ermangelt der üblichen Problemlösungsmöglichkeiten. Die normalen Sinngebungs- und Sinnstiftungsprozesse verfangen nicht mehr. Das erschütternde Ereignis oder das seit langem nagende Übel sprengen die Zusammenhänge, statt sich in sie einzufügen und so verstehbar zu werden. Sinnbestimmung ist ja, formal betrachtet, Herstellung eines Zusammenhangs. Das gilt schon für das elementare Verstehen des Sinns von Worten und Sätzen. Ebenso gilt für die Interpretation von objektiv feststellbaren Geschehnissen wie von subjektiven Erfahrungen, dass Zusammenhangloses schlicht unverständlich und damit sinnlos ist. Nun gibt es wohl nichts schlechthin Zusammenhangloses, aber doch ein solches Aufbrechen von Zusammenhängen, ein solches Einbrechen des Bodens, dass das Gefühl eines gänzlichen Weltverlustes und Verlorenseins entstehen kann. Dagegen hilft es nicht, dass *irgendein* Zusammenhang und damit 'Sinn' hergestellt wird. Das gelingt übrigens immer. Die Statistik etwa sagt, dass ein bestimmter Prozentsatz der Bevölkerung mit Erbkrankheiten geschlagen ist, dass der Straßenverkehr in einem Land jährlich so und so viele Opfer fordert usw. – die Betroffenen können demgemäß in der statistischen Ordnung geortet, ihr Schicksal kann an einem Punkt der Kurve, welche die Häufigkeitsverteilung von Krankheiten, Unfällen usw. veranschaulicht, abgelesen werden. Aber damit ist die Frage nach dem Sinn ihres Leidens und Betroffenseins nicht schon beantwortet. Denn die Sinnsuche erfüllt sich nicht im Wissen um eine unpersönliche Gesetzmäßigkeit, der ein Mensch wie alles natürliche Seiende unterworfen ist. Ich will und kann mein Leben nicht mit dem Weg des Kiesels im Gebirgsbach vergleichen.

Damit ist die menschliche Grundsituation angesprochen. Wir stehen schon immer in ihr, werden aber, wie vielfach bezeugt, durch die angeführten Geschehnisse, durch schlimme Widerwärtigkeiten, aber vor allem in der Erfahrung von Leid und in der Konfrontation mit dem Tod, ganz ausdrücklich mit ihr konfrontiert und damit vor die Sinnfrage gestellt. Letzteres scheint allerdings heute manchem Beobachter in unseren Breiten bestreitbar: Es gibt neben den Theorien über die Sinnlosigkeit der Frage nach dem Sinn und jedweder Antwort auf sie auch zahlreiche Hinweise darauf, dass praktische Lebens- und Todestechniken vermehrten Zuspruch finden, dank denen man sich um Grund- oder Wesensfragen des Menschseins nicht mehr kümmern zu müssen glaubt. Überdies geht das diskursive Interesse an diesen Fragen, die als «uncool» disqualifiziert werden, leicht im globalen Gemurmel auf Facebook oder Twitter unter, und «selbst die Sehnsucht nach Transzendenz kann zu einem Teil der Unterhaltungsindustrie werden» (László F. Földényi).

Vergegenwärtigen wir uns gegenüber solchen zeitgenössischen Tendenzen, was in der philosophischen Anthropologie des 20. Jahrhunderts an Einsichten erarbeitet worden ist. Der Mensch ist, so deren Ausgangspunkt, dasjenige Lebewesen, das um sich weiß. In diesem elementaren Wissen wurzeln sowohl die Möglichkeiten zu einer aktiven Lebensgestaltung als auch die Erfahrung, sich nicht selbst hervorgebracht zu haben, mit dem Mangel konfrontiert zu sein und immer wieder gegen den eigenen Willen auf sich zurückgeworfen zu werden. Beides macht den Überschuss über das pure Leben aus. Dieser Überschuss bildet die Basis sowohl für Offenheit und Fülle des Menschseins als auch für die von ihm unabtrennbaren Ängste, unerfüllten Wünsche und anderen Erleidnisse seiner Endlichkeit. Die große Sinnfrage führt mitten in diese Wahrheit des Menschseins. Wem sie sich stellt, der hat bereits, zumeist leidvoll, im drohenden Sinnverlust die eigene Endlichkeit erfahren.

Wie lässt sich der Bedrohung durch Sinnverlust begegnen? Wo schweres Leiden die Sinnfrage auslöst, ist der betroffene Mensch wohl vieler, aber in den meisten Fällen doch nicht aller Möglichkeiten normaler Lebensgestaltung und damit der Sinngewinnung beraubt. So ist ihm durchaus die Beantwortung von Sinnfragen möglich. Da er dabei nicht aus dem Schatten der 'großen' Frage nach einer Sinnbestimmung seines Leidens heraustreten kann, erlebt der leidende Mensch in besonderer Weise das Band, das zwischen dem fundamentalen und dem gewohnten Sinngebungs- und Sinnfindungsprozess besteht: Der Schatten eines letzten Sinnmangels, repräsentiert im unerklärlichen Leiden, liegt unvermeidlich auf den gelingenden Sinnstiftungen des beschädigten Alltags. Umgekehrt machen die positiven Erfahrungen das Leben im Schatten wärmer. Lässt sich aber dem Leiden überhaupt ein anderer Sinn einlegen, als der, den man ihm – und sei es durch eine neue Auslegeordnung der verbliebenen Gestaltungsmöglichkeiten eigenen Lebens – *abringt*? Der christliche Glaube, religiös motivierte Praktiken und weltanschauliche Überzeugungen kennen Alternativen. Sie bringen die Idee eines umfassenden Zusammenhangs bei, in dem das individuelle Leben und Leiden aufgehoben sind. Für den religiösen Menschen hat dieser Zusammenhang, gedacht etwa im Begriff der Vorsehung, seinen Garanten in Gott. Und der einzelne Mensch findet in ihm seinen Platz, ohne auf einen namenlosen Fall reduziert zu werden.

Philosophisch betrachtet handelt es sich bei der *christlichen* Gesamtsicht um eine durch Offenbarung und Vernunft gestiftete und als Glaube praktizierte Weltauslegung, mit der – im Schatten des großen Sinnmangels – ein Leben ins Licht der Sinnfülle gesetzt wird. Akteur eines *philosophischen* Umgangs mit der großen Sinnfrage ist demgegenüber nach verbreiteter heutiger Auffassung ausschließlich der als autonom verstandene menschliche Geist, der auf den autonomen Gebrauch der Vernunft abstellt. Die geistige Herausforderung durch die große Sinnfrage wird im *vernünftigen* Nachdenken angenommen. Das heißt nun allerdings nicht, dass sie der Wissenschaft, allgemeiner gesagt: der rationalen Argumentation, überlassen wird. Vernunft – so soll der Terminus hier verstanden werden – hat es mit *metaphysischen* Fragen und ihrer Beantwortung zu tun, d.h. mit Problemen, die sich wohl aus unserem Erfahrungswissen heraus ergeben, etwa im Blick auf dessen Lücken, aber über es hinausreichen. Sprechende Beispiele metaphysischen Denkens bieten Theorien zur Rechtfertigung Gottes angesichts von Leiden und Tod in der von ihm geschaffenen Welt oder materialistische Konzepte der Weltgeschichte oder Unsterblichkeitsbeweise. Insgesamt dokumentieren sie, dass und wie wir das empirisch Belegbare mit Hilfe unserer Vernunft transzendieren.

Was es mit einem solchen «Überschritt» auf sich hat, soll zunächst hinsichtlich seiner formalen Struktur am Gedanken der *Transzendenz* erörtert werden (Kap. I). Ursprünglich zur Beschreibung metaphysischen Denkens verwendet, wird er in der Neuzeit auf die Beziehung von Subjekt und Objekt in der Erkenntnis appliziert oder in der Philosophie des 20. Jahrhunderts anthropologisch auf den Welt- und Selbstbezug des Menschen eingeschränkt. Am *metaphysischen Begriff der Transzendenz* gemessen geht der Gedanke damit ins Leere. Ist die Preisgabe transzendenter Wirklichkeit und der damit verbundene Verlust – die große Sinnfrage bliebe letztlich ohne Antwort – ein geistiges Schicksal, das hinzunehmen ist? Bloße Hinnahme wäre nicht Aneignung. Solche versucht, wer sich auf die *Erfahrung des Transzendenzverlustes* einlässt. Ich skizziere im Folgenden einige Aspekte dieser unserer Erfahrung. Sich auf sie einzulassen, läuft zunächst einmal auf ein geistiges Ausleben des «Scheiterns» hinaus. Dieses erscheint, geschichtlich betrachtet, als ein *Schicksal* der menschlichen Vernunft. Aber ist es nicht widersinnig, der Vernunft ein Schicksal zuzusprechen?

Die Frage wird in Kap. II durchdacht. Den Bezugspunkt bildet der erste Satz von Kants *Kritik der reinen Vernunft*: «Die menschliche Vernunft hat das besondere Schicksal in einer Gattung ihrer Erkenntnisse: dass sie durch Fragen belästigt wird, die sie nicht abweisen kann, denn sie sind ihr durch die Natur der Vernunft selbst aufgegeben, die sie aber auch nicht beantworten kann, denn sie übersteigen alles Vermögen der menschlichen Vernunft.» Ich versuche zu zeigen, dass die Rede vom *Schicksal* auch und gerade an dieser Stelle keine bloße façon de parler ist, sondern tatsächlich ein der menschlichen Vernunft von der Natur zugeteiltes, unerklärliches Los meint, sich um rational vertretbare Antworten auf die große Sinnfrage, wie sie sich in Gestalt «metaphysischer» Fragen immer und immer wieder stellt, bemühen zu müssen.

Für Kant wurzelt dieser Zwang in einem *metaphysischen Bedürfnis* des Menschen, das ihm schicksalhaft eingeschrieben ist. Lässt sich dieses Bedürfnis einlösen? Für Kant ist das nur im *Glauben* möglich. Ein Glaube, mit dem das metaphysische Bedürfnis seine Erfüllung findet, ist allerdings kein bloß subjektives theoretisches Für-wahr-Halten, sondern ein «praktischer Vernunftglaube». Darunter versteht Kant die auf moralischer Gesinnung beruhende «moralische Gewissheit», dass es einen Gott und ein künftiges Leben nach dem Tod gibt (Kap. III).

Was heißt es nun aber für die menschliche *Vernunft*, dass sie mit Fragen zu tun hat, die sie nicht beantworten kann? Es heißt für sie, dass es Grenzen der Einsicht gibt, zu deren Bestimmung sie herausgefordert ist. Das ins Metaphysische ausgreifende Denken wird angesichts der Zweifelhaftigkeit seines Erfolgs zur eigenständigen Prüfung seiner Reichweite veranlasst. Als Resultat dieser Selbstkritik könnte die Meinung aufkommen, dass jene Fragen – weil unbeantwortbar und deshalb sinnlos – zu verabschieden seien, statt sich weiterhin mit fragwürdigen Antwortversuchen abzuquälen. Da das Überschreiten der Empirie auf ein Absolutes hin aber das Kerngeschäft der Vernunft (im Unterschied zum Verstand) bildet, liefe ein derartiger Verzicht auf den Suizid der Vernunft hinaus. Um ihn zu vermeiden, muss der Arbeit an den metaphysischen Fragen ein Ort zwischen ihrer dogmatischen Beantwortung und ihrer skeptischen Destruktion gesichert werden. Für Kant leistet das «Kritik», verstanden als Prüfung metaphysischer Erkenntnisansprüche, wie sie im Umgang mit der menschlichen Grundsituation immer wieder erhoben werden. Solche Kritik ist deshalb eine Daueraufgabe. Dieses erste, für Kant nur «propädeutische» Resultat der Auseinandersetzung mit der ins Metaphysische transzendierenden Vernunft wird in Kap. IV in der Anmutung des physischen Suizids und ihrer Bewältigung gespiegelt.

Das sich der großen Sinnfrage stellende philosophische Denken siedelt sich am Ort der «Kritik» an. Anders als Kant verstehe ich diesen Ort in Anlehnung an Walter Schulz als einen Ort des *Schwebens* zwischen der seit jeher ersehnten metaphysischen Gewissheit und deren sie negierender Problematisierung. Vielleicht wird dieser Ausdruck dem Ernst der kritischen Situation nicht gerecht, weil er zu stark eine harmonische seelische Bewegung assoziieren lässt, aus der das Hin-und-her-Gerissen-Werden getilgt ist. Platon bringt das Hin und Her durch den Gegensatz zwischen dem Zug der Seele nach oben und ihrem Fall nach unten zur Sprache. Insbesondere am *Bedenken des Endes* im Tod wird die Härte spürbar, mit der sich die Frage stellt, ob der Tod als unüberschreitbare Schranke oder als Grenze zu verstehen ist, an der sich eine Sinngebung ansiedeln kann (Kap. V). Ebenso viel Schwanken zeigt der intellektuelle Umgang mit dem *Bösen*, oszilliert doch die philosophische Tradition zwischen der Bestreitung seiner Existenz und der meist resultatlosen Bemühung um eine Erklärung seines Ursprungs. Hilflosigkeit dringt in den Ort der Kritik ein, wenn sich unsere Begrifflichkeit der Erfahrung des Bösen nicht gewachsen zeigt, von dessen faktischem Auftreten die theoretische Erklärung immer wieder überrannt wird (Kap. VI).

Halten die christlichen «Tugenden» von Glaube, Hoffnung und Liebe für das im Raum der Metaphysik von logischen Prinzipien gesteuerte Nachdenken eine Antwort auf die große Sinnfrage bereit? Vom Glauben war bereits bei der Thematisierung des metaphysischen Bedürfnisses in Kap. III die Rede gewesen. Der philosophische Glaube, wie ihn Karl Jaspers beschrieben hat, läuft auf eine existenzielle Haltung hinaus, die aus dem «Umgreifenden» lebt, aber nie zu objektiven, Wahrheit beanspruchenden Festlegungen von Glaubensinhalten gelangt. Ist das Verhältnis der *Hoffnung* zu gesuchten Wahrheiten noch subjektiver? Ich verfolge das mittels der Interpretation eines Aphorismus von Theodor W. Adorno. Wieder ist zunächst zu beobachten, dass in der kulturellen und insbesondere in der philosophischen Überlieferung der Wahrheitszugang durch Hoffnung in der Schwebe gehalten wird. Über die existenzielle Verknüpfung von Hoffnung und Erkenntnis hinaus macht Adorno Hoffnung «am Ende» als «die einzige Gestalt» aus, «in der Wahrheit erscheint». Als legitimierende Basis solcher Hoffnung, die jeder Stütze in der «Wirklichkeit» entbehren muss, führt er Spuren metaphysischer Erfahrungen an (Kap. VII).

Das wirft das Problem auf, ob (metaphysische) *Erfahrungen* namhaft zu machen sind, aufgrund derer die Sinnfrage, vor allem angesichts des Todes, positiv beantwortet werden könnte. Ohne Zweifel gibt es derartige Erfahrungen, aber ihre Jemeinigkeit lässt es fraglich erscheinen, ob aus ihnen zu «lernen», d.h. eine allgemeinere Einsicht abzuleiten ist. Zeugnisse gewonnener Einsicht kommen zwar anderen Menschen zur Kenntnis, ohne dass die Basiserfahrungen damit jedoch wieder eintreten würden – höchstens wächst die Bereitschaft, sich für sie zu öffnen. Aber ein Rezept für die Beantwortung letzter Fragen lieferte auch das authentischste Zeugnis nicht (Kap. VIII). So bleiben Menschen in «Grenzsituationen» doppelt in *Leiden* verstrickt: in das Leiden an Angst, Krankheit, Schuld und das Leiden an der Vergeblichkeit von Bemühungen, ihrer Situation einen haltgebenden Sinn zuschreiben zu können. Mit der Erörterung möglicher Therapien des letzteren Leidens schließen Kap. IX und das Buch. Am Ende ist davon die Rede, ob und wie es dem Philosophen möglich sein könnte, sich durch das «Wort vom Kreuz» Jesu Christi (1 Kor 1,18) zu einem schwachen Denken bewegen zu lassen, das eine Antwort auf die Sinnfrage nicht mehr von der «großen» Erfüllung des metaphysischen Bedürfnisses abhängig macht.

«Wir sehen jetzt durch einen Spiegel» (1 Kor 13,12; Paulus fügt hinzu: «in einem Rätsel»). Die Wahl dieses Titels mag verwundern. Auf den Unterschied zwischen «jetzt» und «dann» lege ich in meinem Buch nicht den Ton; «jetzt» – das ist auch die Zeit der Philosophie. Die Metapher des Spiegelbilds selbst macht den Kern des Gedankengangs sichtbar, denn sie stellt ins Licht, wie verständlich-unverständlich es ist, dass menschliche Vernunft in der Erfahrung des Scheiterns bei all ihren Versuchen, die Sinnfrage letztgültig zu beantworten, an dieser Frage festhält. Spiegel reflektieren, d.h. sie lassen etwas erscheinen, und sei es unter Umständen nur verzerrt, und lassen es auch wieder nicht erscheinen. Gerade das gilt für den «großen» Sinn in unserem schwachen Denken.

Ich danke dem Verlag Schwabe für die Aufnahme des Textes in einen Band der Reihe *Schwabe reflexe* und insbesondere Frau Dr. Barbara Handwerker Küchenhoff für die in formaler und inhaltlicher Hinsicht so sorgfältige wie engagierte Lektorierung.

Zürich, Februar 2017   Helmut Holzhey

I Transzendenz – wohin des Wegs?

Extra- und Intratranszendenz

Wer der großen Sinnfrage nachdenkt, *transzendiert*, das bedeutet: er überschreitet die Grenzen oder verlässt den Boden seiner Erfahrungswelt. Er sucht – weiterhin bildlich gesprochen – Höhe oder Tiefe zu gewinnen; er fliegt nach oben, dem Himmel zu, oder bohrt in die Tiefen seines Inneren. Doch da jede Frage nach einer Antwort sucht, kann es nicht beim transzendierenden Fragen nach Sinn bleiben. Der Akt des Fragens ist auf den Gewinn von Sinn ausgerichtet, einen Sinn, der nicht im Akt des Fragens bestehen kann, sondern sich im Akt als ein Transzendentes erschließen soll. Wie immer man dieses Transzendente philosophisch fasst – als Gott, als das Eine und Höchste, als das Sein selbst –, es bleibt umgekehrt aufs engste ans Transzendieren gebunden, die Verbürgung von Sinn an die Frage nach dem Sinn. Im 3. nachchristlichen Jahrhundert ordnet der Philosoph Plotin, ein eminenter Denker der Transzendenz avant la lettre, beispielhaft dem Einen und Höchsten die ekstatisch-punktuelle Erfahrung eines «geistigen Berührens» zu, eines augenblicklichen Sehens, «wo die Seele jählings von Licht erfüllt wird».[1]

Das Transzendieren im Verfolg der großen Sinnfrage besteht in einem radikalen Hinaus- bzw. Hineingehen, das sowohl alle weltliche Wirklichkeit wie auch die gängigen Weisen der Welthabe und Wirklichkeitserfassung übersteigt. Überstiegen wird das Diesseits auf einen wesensverschiedenen Bereich hin. Die «transzendentale» *Grenze* trennt nicht bloß Verschiedenes, sondern Verschiedenartiges: das Undenkbare und Unsagbare vom Denk- und Sagbaren, das Unendliche vom Endlichen, das Sein vom Seienden, den Grund von den Gründen, das umfassende Ganze vom Teilhaften. Anschaulich formuliert zielt der Transzendenzgedanke auf eine in räumlichem Sinne über oder jenseits der Welt liegende Wirklichkeit, eine andere, «höhere» Welt. Das bezeugen jene Gottes- oder Weltbilder, die eine schlechthin weltjenseitige Gottheit kennen,

---

[1] Schriften V,3,17.

und ebenso die Mythenkritik, die dem Glauben an weltimmanente Götter entgegentritt. Eine Transzendenz *nach innen*, in den menschlichen «Seelengrund», lässt sich demgegenüber nicht in ein Bild bringen; die Rede von Transzendenz ist hier nur metaphorisch zu lesen, wie ja auch die von einer Transzendenz im wörtlichen Sinne des räumlichen über etwas hinaus für den Philosophen immer eine metaphorische war. Nach innen zu transzendieren heißt nicht, eine diesseitige Sphäre der Immanenz der jenseitigen der Transzendenz vorzuziehen. Es geht bei der Intratranszendenz vielmehr wie bei der «(Extra-)Transzendenz» um eine Bewegung: Auch in der Innenrichtung wird eine Grenze überschritten; spekulativer formuliert: das innerlichere transcendens liegt über das (seelische) Innere hinaus.

Augustinus verknüpft in einem Bericht über eine Vision ewigen Lebens, die er gemeinsam mit seiner Mutter hatte, den Weg von Extra- und Intratranszendenz aufs eindrücklichste:

> [...] da erhoben wir uns mit heißer Inbrunst nach 'jenem Selben' [Gott] und durchwanderten stufenweise die ganze Körperwelt, auch den Himmel, von dem herab Sonne, Mond und Sterne leuchten über die Erde. Und weiter stiegen wir innerlich [zugleich: tiefergehend] an im Betrachten, Bereden, Bewundern Deiner Werke, und wir gelangten zu unserer Geisteswelt und schritten hinaus über sie, um die Gefilde unerschöpflicher Fülle zu erreichen, auf denen Du Israel auf ewig weidest mit der Speise der Wahrheit [...].[2]

Wo die Intratranszendenz radikal gedacht bzw. erlebt wird, fällt sie mit der Extratranszendenz zusammen, weil im Ziel (dem Einen) alle Differenzierungen (auch die raumzeitlichen und damit die der Richtung) überwunden sind. Dennoch ist die Bindung von Transzendenz an die Bewegung nach innen folgenreich, weil in ihr der anthropologische und fernerhin der erkenntnistheoretische Transzendenzbegriff ihre Wurzel haben. Nicht über die Welt hinaus durch Ausbildung einer zweiten Physik («Metaphysik»), sondern in die Tiefe des menschlichen Inneren hinein, also auf dem Weg einer «transzendentalen Psychologie», ist das Transcendens, der göttliche «Seelengrund», zu suchen.

---

2 *Confessiones/Bekenntnisse*, übersetzt von Joseph Bernhart, 3. Aufl., München 1966, IX,10,24.

Die transzendente «Wirklichkeit»[3]

Nicht nur das Geschehen der Bezugnahme auf eine «jenseitige» Wirklichkeit, sondern auch diese selbst wird als «Transzendenz» aufgefasst, sei es als (göttliche) Aktivität, die dem Transzendieren entgegenkommt, sei es als Woraufhin menschlichen Transzendierens. So oder so verstanden ist Transzendenz, obwohl sie sprachlich vergegenständlicht scheint, nie Ding oder Gegenstand, sondern viel eher – wenn überhaupt eine positive Bestimmung angebracht ist – nach aristotelischer und scholastischer Lehre reines Wirken (actus purus). Als ein Widerschein dieser Bestimmung kann die formale Charakteristik gelesen werden, dass «Ursprung und Ausgang der Transzendenzbewegung [...] nicht beim Transzendierenden, sondern stets beim Transzendenten liegen».[4]

Diesem radikalen Verständnis von Transzendenz steht das «säkularisierte» gegenüber, das an die Bewegung des transzendierenden Menschen gebunden ist, d.h. an die *Bewegung* auf eine andere, «absolute» Wirklichkeit hin. Indem auf eine «andere», d.h. *nicht* auf «diese» unsere Wirklichkeit Bezug genommen wird, ist zwar Transzendenz angemessen als transempirische Wirklichkeit definiert. Ob aber *Wirklichkeit* eine angemessene Bestimmung des Transzendenten abgeben kann, erweist sich als fragwürdig, weil die Kategorie des Wirklichen auf die Existenz eines Gegenstandes bzw. gegenständlichen Sachverhalts abzielt. Ebenso ist es nicht harmlos, das Transzendente als *absolute* Wirklichkeit zu charakterisieren. Denn «das Absolute ist seinem Begriffe nach dasjenige, was abgelöst und unabhängig von jedwedem denkbaren Anderen besteht und restlos sich selbst genügt».[5] Vom radikalen Transzendenzgedanken her beurteilt, geht die Kennzeichnung «absolut», wenn sie nicht bloß negativ (in der Bedeutung «abgelöst», «unabhängig»), sondern positiv (im Sinne von «vollkommen») verwendet wird, in die Irre. Plotin begründet das so:

---

3 Vgl. Andreas Steiner: *Transzendente Wirklichkeit*, Freiburg i.Br., München 2010.
4 Wolfgang Struve: *Philosophie und Transzendenz. Eine propädeutische Vorlesung*, Freiburg i.Br. 1969, S. 42.
5 Hermann Krings: *Transzendentale Logik*, München 1964, S. 176.

Nein, so wie der, welcher die geistige Wesenheit erblicken will, keine Vorstellung von etwas Sinnlichem in sich tragen darf, um zu erschauen, was jenseits des Sinnlichen ist, so muss auch der, der das jenseits des Geistigen Liegende erschauen will, bei seiner Schau jeglichen geistigen Inhalt forttun; dass Jenes ist, das erkennt er durch das Geistige, welcher Art es aber ist, nur dadurch, dass er das Geistige forttut. Dies 'welcher Art' dürfte aber wohl bedeuten 'keiner Art'; denn es gibt ein 'welcher Art' nicht bei einem Dinge, für das auch das Etwas nicht gilt. Sondern wir sind es, die in unseren Geburtsnöten nicht wissen, wie wir es bezeichnen sollen.[6]

Wo sich philosophisches Denken den Gedanken radikaler Transzendenz zumutet, setzt es sich, beirrt durch die Unmöglichkeit einer positiven Aussage über das Transzendente, dem eigenen Scheitern aus. Das gilt auch vom Weg nach innen, der Intratranszendenz, einem Weg, der nicht mit der psychologischen Beschreibung religiöser Erlebnisse zu verwechseln ist. Streng genommen ist ein *Begriff* des Transzendenten nur formulierbar, wenn von der Relationalität von Transzendenz ausgegangen wird. Das bedeutet, dass Transzendenz weder als Akt des Überstiegs noch in ihrem Woraus und Woraufhin absolut genannt werden darf.

Bezugspunkt Mensch

Die These, dass für die begriffliche Rede von Transzendenz eine Beziehung konstitutiv ist, beinhaltet noch keine anthropologische Engführung des Begriffs. Transzendenz als Vollzug des Überstiegs durch den Menschen gewinnt erst damit eine eigenständige begriffliche Gestalt, dass die Bindung an den Menschen ausschließlich wird. Geschieht das, so wird Transzendenz nicht mehr auf eine schlechthin «andere» Wirklichkeit bezogen. Der Mensch in seiner Endlichkeit bildet vielmehr die Bedingung, an die jedes Transzendieren seiner Möglichkeit nach geknüpft erscheint.

Einen anderen Transzendenzbegriff als den auf einen menschlichen Akteur bezüglichen scheint der aufgeklärte Zeitgeist nicht mehr zuzulassen. Das zeigt sich am Schicksal der Gottesbeweise. Der für ihr Gelingen letztverantwortliche ontologische Beweis des Daseins Gottes geht vom Begriff eines an und für sich bestimmten

---

6 Schriften V,5,6.

Wesens aus, das nicht durch seine «Beziehung zu einem denkenden Subjekt» definiert ist. Gerade diese Abhängigkeit von einem Subjekt aber ist Bestandteil der philosophischen Grundüberzeugung nach dem Ende der hegelschen Schule.[7] Die Möglichkeit metaphysischen Transzendierens wird, wie Jaspers diagnostiziert,[8] durch den philosophischen Satz des Bewusstseins verneint, dass alles, was ist, als einem Bewusstsein gegenwärtig (immanent) gedacht werden muss, wenn immer es überhaupt gedacht werden will. Auch die Verdammung zur Sinnlosigkeit, die metaphysischen Sätzen mit der Anwendung eines enggefassten Kriteriums sinnvoller Sätze im Neopositivismus widerfährt, unterstreicht diese zeitgenössische Grundeinstellung.

Die Krise des metaphysischen Transzendenzgedankens hat zu verschiedenen Versuchen geführt, in Berücksichtigung der Kritik eine neue Problemstellung zu formulieren. Den Ausgangspunkt bildet immer die Bindung des Transzendenzgeschehens an den endlichen Menschen. Der Terminus «Transzendenz» erinnert dabei aus seiner Geschichte an das metaphysische Interesse des Denkenden. Sei es also, dass er pointiert erkenntnistheoretisch reformuliert wird, sei es, dass er zum Grundbegriff einer existenzialen Anthropologie avanciert: «das Wort ist hier nur ein Name für einen allgemeinen, wenn auch erstaunlichen und in aller Alltäglichkeit gar nicht selbstverständlichen Tatbestand des Daseins», der unterscheidend zu beziehen bleibt auf das, was «wir meinen, wenn das Wort sein eigentliches Gewicht hat, ja den Glanz, als ob in ihm das Geheimnis des Seins offenbar werden könnte».[9]

Transzendenz in der Erkenntnistheorie

Die Erkenntnis eines gegenständlichen Sachverhalts lässt sich nur dadurch mit Transzendenz in Verbindung bringen, dass zwischen Subjekt und Objekt der Erkenntnis eine im Erkennen vom Subjekt zu überwindende Grenze angenommen wird. Zum Gegenstand

---

7   Dieter Henrich: *Der ontologische Gottesbeweis. Sein Problem und seine Geschichte in der Neuzeit*, Tübingen 1960, S. 264f.
8   Karl Jaspers: *Philosophie*, 3. Auflg., Berlin u.a. 1956, Bd. I, S. 49.
9   S. 38.

scheint ein Überschritt nötig, weil sich – gemäß einer geläufigen Interpretation der Subjekt-Objekt-Differenz – das Subjekt als Bewusstsein vom Gegenstand, der nicht Bewusstsein ist, unterschieden weiß. Dieses Wissen artikuliert sich im Gegensatz von Bewusstseinsimmanenz und -transzendenz. Auf ihn bezogen bedeutet der Überschritt, einen Weg aus der Bewusstseinsimmanenz heraus zu finden. Transzendent sind also solche Objekte intentionaler Erlebnisse (z.B. von Wahrnehmungen), die mit diesen Erlebnissen keine seinsmäßige Einheit bilden: Das Wahrnehmungsding ist nicht Bestandteil des Wahrnehmungserlebnisses, obwohl es in ihm samt seinem transzendenten Seinscharakter vermeint wird.[10]

Es stellt sich die Frage nach dem Zusammenhang dieses erkenntnistheoretischen mit dem metaphysischen Transzendenzproblem. Formal ergibt sich ein einleuchtender Zusammenhang dann, wenn auch das Letztere als Erkenntnis(grenz)problem aufgefasst wird, dessen Lösung unter Anerkennung des mit der Erkenntnisrelation unaufhebbar gesetzten Gegenübers von Subjekt und Objekt gesucht werden muss. Geschieht das, so ist die dem Erkennen als solchem zugesprochene Transzendenzrelation auch für das ideenhafte Bewusstsein eines «jenseitigen» An-sich, also eines Transobjektiven und Transintelligiblen konstitutiv. Das heißt: Für das Transintelligible kann im Verhältnis zu seiner Idee im Bewusstsein kein höherer Transzendenzanspruch geltend gemacht werden als für das empirische Objekt gegenüber seinem Bewusstseinsbild.[11]

Eine alternative Verbindung zwischen der erkenntnistheoretischen Aufgabe und dem metaphysischen Transzendenzproblem ergibt sich, wenn die Erstere ohne Voraussetzung einer Subjekt-Objekt-Transzendenz und das Letztere primär gerade nicht als Erkenntnisproblem in Angriff genommen werden. Wenn Erkenntnis nämlich als unendlicher Prozess der Gegenstandsbestimmung gedacht wird, dann ist mit dem Begriff der Unendlichkeit bzw. der Idee der Totalität, auf welche die Erkenntnisarbeit ewig zustrebt, in der endlichen Erkenntnis immer schon eine Brücke zum ihr

---

10 Vgl. Edmund Husserl: *Ideen zu einer reinen Phänomenologie und phänomenologischen Philosophie.* Erstes Buch, Haag 1950, § 33ff. (= Husserliana, Bd. III).

11 Nicolai Hartmann: *Grundzüge einer Metaphysik der Erkenntnis*, 4. Aufl., Berlin, Leipzig 1949, S. 83f.

Transzendenten geschlagen. *Gegenstand* wird das Unendliche aber erst in der *Religion*, und erst indem es das wird, entsteht auch «die Gefahr der Transzendenz».[12] Transzendenz bedeutet dann, den schlechthin unverantwortlichen Schritt der gegenständlichen Setzung des Unendlichen zu vollziehen, einen Schritt, der auch als unzulässiger Übergang vom religiösen Gefühl zum objektivierenden Erkennen beschrieben werden kann. Jede Vergegenständlichung ist an die Gesetze des Erkenntnisprozesses gebunden, also auch die gegenständlich gemeinte Rede von Gott. «Es ist nicht durchführbar, den Zentralbegriff der Religion, den Begriff des wirklichen, lebendigen, transzendenten Gottes seinem Vollsinn nach festzuhalten, zugleich aber auf jeden objektiven Geltungsanspruch dieses Begriffs verzichten zu wollen.» Paul Natorp zieht daraus die Konsequenz: «Das Transzendente also als Gegenstand [...] muss fallen».[13] Es bleibt aber ungegenständlich im psychischen Leben als ungestaltetes, grenzloses Gefühl repräsentiert, das «die ursprüngliche Konkretion des unmittelbaren Erlebens» bedeutet.[14]

Dieses (Natorpsche) Konzept ist durchaus exemplarisch zu nehmen. Von Besonderheiten abgesehen hat es folgende Gestalt: a) Von Transzendenz soll nur im strikten Sinne die Rede sein, d.h. dann, wenn positive Behauptungen über eine in sich selbst gegründete, «jenseitige» Wirklichkeit vorliegen. b) Mit derartigen Behauptungen sind eo ipso Erkenntnisansprüche verbunden (z.B. Gottes Existenz zum Gegenstand einer wahren Aussage machen und diese Aussage sogar beweisen zu können), die sich nicht einlösen lassen, weil sie den Bedingungen gesetzmäßiger Erkenntnis nicht genügen. c) Erkenntnis, die sich nicht ausweisen lässt, ist keine Erkenntnis; der Anspruch religiösen Bewusstseins auf Erkenntnis einer jenseitigen Wirklichkeit verfällt damit der Kritik. d) Was dann von den metaphysisch-religiösen Gehalten bleibt, hat den Charakter

---

12 Paul Natorp: *Religion innerhalb der Grenzen der Humanität. Ein Kapitel zur Grundlegung der Sozialpädagogik*, 2. Aufl., Tübingen 1908, S. 39.
13 S. 103f.
14 S. 86. Vgl. Helmut Holzhey: «Die Unmittelbarkeit des Lebens der Seele wollen wir von der Religion fernhalten». Eine Auseinandersetzung mit Hermann Cohens Religionsphilosophie, in: *«Die Grenze des Menschen ist göttlich». Beiträge zur Religionsphilosophie*, hg. von Klaus Dethloff u.a., Berlin 2007, S. 259–281.

eines ungegenständlichen Gefühls, eines Bedürfnisses, eines Archetyps o. ä., ist vorprädikativ und präkognitiv, vielleicht auch unbewusst, kann aber in einer ihm äußerlichen Betrachtung als psychisches Phänomen thematisch werden.

Dass in diesem erkenntnistheoretischen Aufklärungsprozess das Transzendente stirbt, gilt auch dann, wenn es als «das Unerkennbare» bloß der Urteilsenthaltung anheimgegeben wird.[15] Diese Vorsicht, mit der der Psychologe suggerieren kann, der religiösen Wahrheit selbst ihre Chance zu lassen, ist nämlich nicht zu verwechseln mit dem Schweigenmüssen des Mystikers, dem in der Berührung des Einen jede Redemöglichkeit zerbricht. Zweifellos ist «über eine mögliche Existenz Gottes […] weder positiv noch negativ etwas ausgesagt»,[16] wenn ein archetypisches Gottesbild in der menschlichen Seele festgestellt (oder heute in der Hirnforschung eine angeblich für Religion zuständige Hirnregion ausgemacht wird) – außer durch und für den Psychologen oder Hirnforscher selbst, der es eben im Rahmen seiner Kompetenz bloß mit Gottesbildern, nicht mit Gott selbst zu tun hat.

Erkenntnis des Transzendenten bzw. Gotteserkenntnis und wissenschaftliche Erkenntnis schließen sich im Selbstverständnis moderner Wissenschaft aus. Und wenn allein wissenschaftliche Erkenntnis für Erkenntnis im strengen Sinne gilt, ist der Zugang zum Transzendenten über einen allgemein anerkannten Weg der Erkenntnis abgeschnitten.

Der existenzial-anthropologische Transzendenzbegriff

Nun lässt sich das unter der Voraussetzung hinnehmen, dass man den exklusiven Wahrheitsanspruch der wissenschaftlichen Erkenntnis in Frage stellt. Denn dessen Kritik öffnet andere Wege zur Transzendenz. Wenn man schon den Weg der Erkenntnis nehmen wolle, so ließe sich zunächst argumentieren, dann könnte die Beziehung

---

15 Carl Gustav Jung: *Das Geheimnis der goldenen Blüte. Europäischer Kommentar*, 5. Aufl., Zürich 1957, S. 62ff.
16 Ders.: *Psychologie und Alchemie*, 4. Aufl., Olten, Freiburg i.Br. 1975, S. 28.

zur Transzendenz ja eine Erkenntnis anderer Art, «Intuition» oder «Erfahrung», also eine Erkenntnisweise sui generis sein, die ihre eigenen Beurteilungskriterien hat. Aber ist sie überhaupt, schärfer gefragt, kognitiver Natur und nicht Glaube oder vielmehr Liebe – jedenfalls eine Beziehung, die der ganze Mensch lebt?

Die Öffnung eines derartigen Zugangs wird allerdings mit einer Zweideutigkeit erkauft, wie sich an Martin Heideggers existenzialontologischem Transzendenzverständnis beobachten lässt. Das Erkennen ist in existenzialer Perspektive bloß eine sekundäre menschliche Verhaltensweise, das Transzendieren aber Sache des Menschseins als solchen. Menschsein («Dasein») bedeutet, das eigene Sein (Leben) selbst vollziehen zu können und vollziehen zu müssen. Zu dieser Grundverfassung des Menschseins gehört ein Transzendieren ganz eigener Art: das mit menschlichem Dasein als solchem geschehende Übersteigen alles Seienden auf *Welt* hin, in deren Horizont sich Seiendes als solches offenbart. «Transzendenz» meint also Entwurf von Welt, aber nicht als Entwurf der Gesamtheit der Dinge, sondern als Entwurf dessen, «aus dem her das Dasein *sich zu bedeuten gibt*, zu welchem Seienden und wie es sich dazu verhalten *kann*».[17]

Diese Tieferlegung des Transzendenzgeschehens bleibt mit der Zweideutigkeit behaftet, dass sie der *erkenntnistheoretischen* Nivellierung in formaler Hinsicht parallel läuft. Denn ebenso wie die Transzendenz in der letzteren Perspektive zu einem Grundcharakter der Erkenntnisrelation als solcher herabgesetzt wird, bildet sie bei Heidegger einen Grundzug des Menschseins als solchen. Damit wird dieser Begriff im strengen Sinne des Wortes zu einem *anthropologischen*; er sagt nur etwas über das Wesen des Menschen aus. Die Krise des metaphysischen Transzendenzgedankens, der an eine andere, «jenseitige» Welt wenigstens erinnern sollte, nun aber als Interpretament des menschlichen In-der-Welt-Seins gebraucht wird, kommt in dieser anthropologischen Auswertung zu voller Deutlichkeit. Wir «transzendieren» im Vollzug unseres Daseins!

Die Anthropologisierung des Begriffs der Transzendenz mündet in den «Appell zu einer entschlossenen Unruhe, einer bejahten Ungesichertheit, durch die das Leben erst den Horizont seiner

---

17 Martin Heidegger: *Vom Wesen des Grundes*, 8. Aufl., Frankfurt/M. 1995, S. 37.

Möglichkeiten erfährt und in ihm die Intensität seiner Selbsterfahrung steigert».[18] Inhaltlos steht diese Transzendenz ständig in der Gefahr ideologischer Besetzung.

Existenziell-metaphysisches Transzendieren

Ein umfassendes, weder bloß auf Objekterkenntnis noch Selbstkonstitution abstellendes Transzendenzverständnis legt Karl Jaspers seiner *Philosophie* zugrunde. Philosophisches Denken als solches transzendiert, aber ohne die Erwartung, auf einen jenseitigen 'Gegenstand' zu treffen; es ist nur transzendierender Vollzug, der kein Resultat hat.[19] Weltorientierung, Existenzerhellung und Metaphysik sind seine unterschiedlichen Vollzugsweisen. Im Zuge der *Weltorientierung* zu transzendieren bedeutet, deren prinzipielle Grenzen zu suchen und sie so zu erfassen, dass damit ohne Weltverlust ein Überschreiten der Welt möglich wird. Transzendieren im Prozess der *Existenzerhellung* führt das empirische Individuum zu seinem eigentlichen Selbst. Das *metaphysische* Transzendieren, das nur eine zu sich kommende Existenz zu vollziehen vermag, richtet sich auf Transzendenz als die «Ruhe des einen Seins». «Transzendenz ist das Sein, das nicht Dasein und nicht Bewusstsein und auch nicht Existenz ist, sondern alle transzendiert.»[20] Jaspers ordnet also Transzendenz dem «letzten», dem metaphysischen Transzendieren als sein Ziel zu; sie wird auf diese Weise vom Überschreiten in Welterkenntnis und Selbstfindung unterschieden, ja bleibt diesen übergeordnet, wiewohl sie ihrer bedarf. In allen Formen metaphysischen Transzendierens bleibt aber Transzendenz selbst ungegenständlich und für das suchende existenzielle Denken ungreifbar: «Niemals gewinne ich, was ist, als einen Wissensinhalt».[21] Alles kann Chiffre der Transzendenz werden,[22] ohne jedoch damit einen «symbolischen» Charakter als Eigenschaft zu besitzen. Transzendenz wird im Ver-

---

18 Hans Blumenberg: (Art.) «Transzendenz und Immanenz», in: *Religion in Geschichte und Gegenwart*, 3. Aufl., Bd. IV, S. 996.
19 *Philosophie*, Bd. I, S. 39.
20 S. 48, 50.
21 Bd. III, S. 3.
22 S. 168.

nehmen ihrer unmittelbaren Sprache nur in existenzieller Erfahrung vergewissert; diese Vergewisserung beinhaltet nie ein Begreifen. Zwischen der begrifflichen Fixierung und der Entleerung der Symbole ist hier eine Form «symbolischen» Bewusstseins angesprochen, die den Bezug zum Transzendenten in geschichtlicher Einmaligkeit, nicht nachprüfbar und – im Unterschied zum Symbol – nicht deutbar[23] realisiert. Existenz weiß sich immer wieder vom «Umgreifenden» (wie Jaspers später sagt) gehalten; Transzendieren ist mehr als Selbstwerdung oder ontologisches Grenzbewusstsein. Wenn Transzendenz erfahren wird, dann wird damit ein vom menschlichen Bewusstsein unabhängiges, jenseits der Subjekt-Objekt-Spaltung sich artikulierendes Sein erfahren. «Die Chiffre ist das Sein, das Transzendenz zur Gegenwart bringt, ohne dass Transzendenz Sein als Objektsein und Existenz Sein als Subjektsein werden müssten.»[24]

Glanz und Elend der Transzendenz liegen bei diesem Verständnis nahe beieinander. Sie wird einerseits nicht als bloßes Interpretament intramundaner oder psychischer Überschreitungen begriffen; es gibt andererseits keine methodische Vergewisserung ihr gegenüber, keine Aussicht auf Lösung der Widersprüche und Aporien metaphysischen Transzendierens. Diese Ambivalenz erfüllt sich in der letzen Chiffre der Transzendenz, dem Scheitern. «[...] Scheitern ist der umspannende Grund allen Chiffre-Seins. Chiffre als Seinswirklichkeit zu sehen, entspringt erst in der Erfahrung des Scheiterns.»[25]

Geistiges Schicksal?

Der Himmel als das Ziel des vertikalen Überschritts ist kein Ort mehr, an dem man ankommen könnte, sondern erstreckt sich ins – menschlich gesehen – leere Unendliche. Ein langer Denkprozess scheint dabei zu enden, dass Transzendenz unter modernen Denkvoraussetzungen nur noch als ein an den Menschen gebundener Sachverhalt zu begreifen ist, als ein von einem denkenden Subjekt

---

23 S. 141.
24 S. 137.
25 S. 234.

abhängiges Objekt oder Denkprodukt. Muss man dieses Ergebnis wie den Tod eines lieben Menschen hinnehmen? Mit der sich anbietenden Auskunft, es handle sich um ein letztlich unerklärliches *Schicksal*, erhält der Transzendenzverlust zu Recht oder nicht den Status einer unbegreiflichen und auch unhinterfragbaren Erfahrung. Eine Analyse des Schicksalsgedankens und des Sinns seiner Applikation auf Sachverhalte philosophischen Denkens drängt sich auf.

II Kritische Vernunft angesichts der Macht des Schicksals

In einem philosophischen Diskurs von der Macht des Schicksals zu reden, ist heikel. Die Anspielung auf die Verdi-Oper *La forza del destino* ist zwar beabsichtigt, aber es ist mit ihr keine Flucht ins Ästhetische verbunden. Aus einem Zufall zieht die Handlung dieser Oper ihre Dramatik: Als der Vater von Donna Leonora, die den Mestizen Don Alvaro liebt, mit Bewaffneten in das Gemach drängt, in dem sich die Liebenden erstmals gemeinsam finden, wirft Don Alvaro als Zeichen seiner Unterwürfigkeit seine Pistole weg, aus der sich jedoch ein Schuss löst und den Vater tödlich trifft. Der Fluch des Vaters und der Rachedurst des Bruders von Donna Leonora bestimmen das weitere Geschehen. So wird ein Zufall zum Schicksal der Betroffenen. Mit dem Wort «Schicksal» wird hier ein Verhängnis angesprochen, ein Geschehen, dem nicht auszuweichen und das rational nicht zu erklären ist. Wenn man nicht Fluch und Rache als Träger von Sinn auffassen kann, muss die Gewalt, mit der das schicksalhafte Geschehen seinen Lauf nimmt, als sinnlos bezeichnet werden, und mit ihr die Gewalt, die sich Menschen, die unter der Gewalt des Schicksals stehen, gegenseitig antun.

Nun ist man ja nicht gezwungen, das Schicksal zu bemühen. Von aufgeklärten Menschen könnte der Fluch des Vaters unbeschadet vernachlässigt und das unbeabsichtigte Unglück als schlimmer Zufall bewertet werden, während Familienangehörige, die alten und längst überholten 'Sitten' verhaftet sind, es zum Anlass für einen Rachefeldzug nehmen könnten, der durch Überzeugungsarbeit oder im schlimmsten Falle durch die Anwendung staatlicher Gewalt unterbunden werden müsste. Man mag ja von Schicksalsschlägen reden, wenn beispielsweise Familienangehörige bei einem Autounfall ihr Leben verlieren, aber generell gilt uns diese Ausdrucksweise als eine rhetorisch-metaphorische und wir suchen das Geschehen aus seinen Ursachen und deren unglücklicher Verkettung zu erklären. Das Wort «unglücklich» spielt zwar auf einen letztlich unerklärlichen Rest an, der aus dem Bedürfnis nach einer teleologischen Erklärung entspringt; wir sind aber als aufgeklärte Menschen im Allgemeinen weit entfernt davon, das Unglück mit einem im Hintergrund wirkenden oder spielenden Schicksal in Verbindung zu bringen. Wer vom Schicksal redet, muss es mindestens mit einem Fragezeichen tun – so wie Odo Marquard, der dem Titel seines einschlägigen Essays *Ende des Schicksals?* auch ein Fragezeichen anhängt.[1]

Metaphysik in ihrer kosmo-theologischen, später auch anthropo-theologischen Gestalt ist Arbeit am Schicksal, Arbeit des Nachdenkens, Arbeit insofern, als sie das ihr in der Rubrik «Schicksal» vorgegebene Material in eine Theorie oder Form zu überführen und damit zu bannen sucht, in der es vernünftig, vor allem aber unbedrohlich geworden ist. Doch nicht erst Metaphysik als Resultat der gedanklichen Arbeit am Schicksal ist – mit Ernst Cassirer zu sprechen – symbolische Form, sondern schon das Schicksal selbst, als Gedanke, als Wort, als Name. In Anlehnung an Hans Blumenbergs Mythos-Studien verstehe ich die «Arbeit» am Schicksal als Distanznahme vom «Absolutismus der Wirklichkeit». Dieser «Grenzbegriff» umfasst nach Blumenberg die ins Archaische extrapolierten, geschichtlich erkennbaren Merkmale des Menschseins und bedeutet, «dass der Mensch die Bedingungen seiner Existenz annähernd nicht in der Hand hatte und, was wichtiger ist, schlechthin nicht in seiner Hand glaubte».[2] Die Arbeit mit dem und am Begriff des Schicksals ist eine Form des Abbaus des Angst und Bangigkeit erzeugenden «Absolutismus der Wirklichkeit», eines Abbaus, der immer schon begonnen hat und nie abgeschlossen sein wird.

Zur Bedeutung des Wortes «Schicksal»

Wir verwenden das Wort «Schicksal» alltagssprachlich in unterschiedlichen, wenn auch nicht disparaten Bedeutungen. Als «Schicksalsschlag» beschreiben wir ein bedeutsames Widerfahrnis, das Menschen ungeplant und unerwartet Leid zufügt. Nur in seltenen Fällen ist von «Schicksal» auch dann die Rede, wenn ein Glücksfall (fortuna) eingetreten ist. Genauer betrachtet beziehen wir uns mit dem Ausdruck auch nicht nur auf das Widerfahrnis und seine Folgen,

---

[1] Odo Marquard: «Ende des Schicksals?» In: O. M.: *Abschied vom Prinzipiellen*, 1981, S. 67–90.

[2] Hans Blumenberg: *Arbeit am Mythos*, Frankfurt/M. 1996, S. 9.

sondern haben zugleich den Ursprung oder Grund des Widerfahrnisses im Visier, das Schicksal also als Absender der Unglückspost. Wird der Ursprung oder Grund als Schicksal angesprochen, so heißt das für das moderne Bewusstsein zugleich, dass er unbekannt oder undurchsichtig ist, rational nicht bzw. nur unzureichend zu ermitteln. Die Auskunft «es war Schicksal» kann sogar eine vage religiöse Konnotation haben und dank dieser Trost spenden.

Wie die Redewendung «es war sein / ihr Schicksal» zeigt, beziehen wir uns mit dem Wort «Schicksal» jedoch nicht immer auf ein einzelnes Widerfahrnis und seinen rational nicht einsehbaren Grund, sondern ebenso auf den Gang eines ganzen Lebens. Odo Marquard hält zurecht fest, dass «Schicksal» nicht nur den unerwarteten und plötzlichen Schicksalsschlag meint, sondern gerade auch das «Los», «was dem jeweiligen Leben lebenslang bestimmt, auferlegt und zugeteilt ist»[3], das «Lebensschicksal». Dabei steht uns heute meistens ein «Einzelschicksal» vor Augen. Die Wendung «Schicksal eines / unseres Volkes» oder «einer Kultur» kommt uns kaum noch über die Lippen; nach wie vor wird jedoch, wenngleich eher blass, ohne großes Pathos, vom «Schicksal der Welt» geredet. Was ist unter «Schicksal» in diesem Sinne zu verstehen? Ein Leben wird dann als dem Schicksal unterworfen bezeichnet, wenn es einen nicht geplanten Verlauf nimmt, der von der Norm – ggf. in interessanter Weise – abweicht, wenn zufällige Lebensumstände oder unzähmbare Leidenschaften bestimmend sind und das Leben sich dabei insbesondere wie von einem Verhängnis betroffen entwickelt, wenn es also wiederum an der Ratio mangelt, sei es beim Betroffenen selbst sei es für Beobachter von außen. Für Spinoza beispielsweise ist «der den Affekten unterworfene Mensch nicht Herr seiner selbst, sondern unterliegt dem blinden Geschick (fortuna)» und damit einer ihm aufgezwungenen Notwendigkeit.[4]

---

3 O. Marquard, a.a.O. (Anm. 1), S. 68.
4 *Ethica ordine geometrico demonstrata*, pars IV, praefatio. Lat.-dt. hg. von W. Bartuschat, Hamburg 1999, S. 372/3.

Die religiöse – polytheistische oder monotheistische – Überwindung des Schicksals

Es bedarf nicht vieler Worte, es müsste vielmehr schon aufgrund dieser – natürlich ergänzungsbedürftigen – semantischen Analysen klar sein, dass die Philosophie mit der Rede vom «Schicksal» bzw. dem dadurch Bezeichneten auf Kriegsfuß steht. Ich spreche von der europäischen Philosophie, die sich seit ihren Anfängen dem Logos oder der Ratio in der doppelten Bedeutung von Vernunft und Grund verpflichtet hat. Seine Vernunft zu gebrauchen impliziert seit Platon: für die Dinge, mit denen wir zu tun haben oder die wir auch nur wahrnehmen, einen Grund zu suchen und gefundene Gründe argumentativ zu verteidigen. Mit der Auskunft «es war Schicksal» stellt man gerade fest, dass kein Grund für ein Geschehen zu finden ist, der diesen Namen verdient. Schicksal scheint ein mythischer Terminus zu sein, der nicht in eine rationale Weltsicht passt.[5] Auf dem Weg zu Letzterer muss deshalb die Rede vom Schicksal überwunden werden. Ein erster Schritt dazu wird schon mit dem homerischen Entwurf einer olympischen Götterwelt in der *Ilias* getan. Auch dieser Entwurf ist noch Mythologie. Aber er steht bereits in Spannung zum Schicksalsglauben. Denn die Orientierung an Göttern und ihrem Wirken macht Ereignisse, die gewohnte und vertraute Abläufe unterbrechen, ja Schrecken verbreiten, durchsichtiger und beeinflussbarer als der Rekurs aufs Schicksal. In den griechischen Mythen und erst recht in der Epik und Tragödie bleibt es jedoch letztlich offen und umstritten, wer die Herrschaft hat: das Schicksal oder die Götter als die Repräsentanten einer «schönen», wohlgegründeten Ordnung. Die Macht des Schicksals belegt eine Passage aus dem *Gefesselten Prometheus* von Aischylos. Prometheus antwortet auf den hoffnungsgesättigten Zuspruch des

---

5 Pars pro toto führe ich die Bemerkung an, mit der Margarita Kranz ihren Eintrag im Historischen Wörterbuch der Philosophie schließt, der Schicksalsbegriff habe «als Ausdruck einer Regression in nichtbegriffliches, mythisches Denken ausgedient» (Bd. VIII, Sp. 1287). Auch wenn ich diesem Urteil nicht zustimme, sind meine Ausführungen dem außerordentlich lehrreichen Artikel ideengeschichtlich, insbesondere bezüglich einschlägiger Belege, mannigfach verpflichtet.

Chors, dass er einst, wenn er seiner Qual ledig ist, nicht von minderer Macht sein wird als Zeus:

> Nicht so hat Moira mir, die Allvollenderin,
> Mein Los geordnet. Nein, in tausendfachem Schmerz
> Und gramgebeugt, so geh' ich einst aus dieser Haft.
> Mein Können, schwächer ist's um viel denn Schicksalszwang.

Zwischen ihm und dem Chor entspinnt sich dann folgender Dialog:

> Chor: Wer aber ist des Schicksalszwanges Steuermann?
> Prom.: Der Moiren drei, die Erinyen allgedenkend auch.
> Chor: Und minder mächtig also ist, als diese, Zeus?
> Prom.: Dem ihm beschiednen Lose kann er nicht entfliehn.[6]

Auch Zeus also wird hier dem Schicksal, der moira, unterworfen gedacht. Die Vorstellung vom Wirken eines personifizierten Fatums (Moira) ist offenkundig von der Vorstellung eines Götterolymps nicht völlig aufgesogen worden. Was mit dieser innermythologischen Auseinandersetzung auf dem Spiel steht, bringt der Philosoph Epikur im 3. vorchristlichen Jahrhundert auf den Punkt. Er empfiehlt in seinem Brief an Menoikeus, dem Göttermythos Priorität zu geben, weil man bei den Göttern auf dem Wege ihrer Verehrung Aussicht auf Erhörung habe, wo das Schicksal (heimarmene) nur unerbittliche Notwendigkeit (ananke) kenne.[7] Zum Schicksal, heißt das, kann man nicht beten. Es gibt so wenig Anhänger des Schicksals, wie es Anhänger des Mythos gibt, es sei denn, man mache diesen wie jenes zum Dogma.[8] Ist auch in der hellenistischen Zeit ein Kult der Tyche bezeugt – das Wort betont die Zufälligkeit oder Grundlosigkeit eines Widerfahrnisses –, so sagt doch Epikur an derselben Stelle, dass die Tyche im Mythos keinen Platz habe, weder als Göttin noch als unausgewiesene Ursache für ein den

---

6   Aischylos: *Der gefesselte Prometheus* 511ff., in: *Die Tragödien und Fragmente*. Auf Grundlage der Übersetzung von J. G. Droysen bearbeitet, eingeleitet und teilweise neu übersetzt von F. Stössl, Zürich 1952.
7   Epikur: *Briefe Sprüche Werkfragmente*, griech.-dt. Übersetzt und hg. von H.-W. Krautz, Stuttgart 1985, S. 51.
8   H. Blumenberg: *Arbeit am Mythos*, Frankfurt/M. 1996, S. 264.

Menschen zugefügtes Gutes oder Schlechtes. Mit dem – vielleicht ironisch gemeinten – Ratschlag, sich an die durch religiöse Verehrung beeinflussbaren Götter des Mythos zu halten, statt sich dem Schicksal zu ergeben, tritt wieder ans Licht, wie wir nach wie vor das Wort «Schicksal» auch alltagssprachlich gebrauchen: nämlich erstens in der Bedeutung der lebensbestimmenden unpersönlichen Macht (moira), zweitens in der Bedeutung des unerwartet Zugefügten (tyche), komme dies nun als glückliche Fügung (das große Los) oder als «Schicksalsschlag» daher.

Im jüdisch-christlichen Monotheismus ist die Sachlage klarer. Der einzige Gott in seiner Allmacht, Weisheit und Güte duldet idealiter kein Schicksal neben sich und schon gar nicht über sich. Die von ihm geschaffenen Menschen müssen das, was sie als Schicksal(sschläge) empfinden, je auf einen göttlichen Ratschluss zurückführen. Auch wenn Gottes Gründe oder Motive undurchschaubar bleiben, gewinnt so das schicksalhaft erfahrene Leid einen wenn auch oft verborgenen Sinn. Der Glaube, dass es Gott schon wissen wird, wozu etwas gut ist, bot Anlass zu theologischen Diskussionen, wobei es nicht zuletzt in der Sündenfrage um den Anteil ging, den der Mensch an seinem Schicksal hat. Nachdem im Calvinismus die Überzeugung von Gottes Vorsehung extrem zugespitzt worden war, konnte es nicht ausbleiben, dass bei erstarkendem menschlichen Selbstbewusstsein die Frage nach der Rechtfertigung Gottes angesichts der Übel in der Welt aufgeworfen wurde. Schien zunächst in der ersten Hälfte des 18. Jahrhunderts dieses Theodizeeproblem noch vernünftig lösbar, so verursachte das Erdbeben von Lissabon im November 1755 einen tiefen Riss in diesem Gedankengebäude: Wie konnte Gott es zulassen, dass Tausende unschuldiger Menschen umkamen, und überdies viele davon während der Gottesdienste in seinen Kirchen? Schicksal? Also doch nicht von Gott zu verantworten? Gott ohnmächtig oder abwesend?

Ein erster philosophischer Versuch, den Schicksalsgedanken aufzuheben

Wie bringt *Philosophie* den Logos bzw. die Ratio gegenüber dem Schicksal zur Geltung? Bereits mit den *Erzählungen* von der Herrschaft des Schicksals, das mythologisch mit einem oder mehreren Namen belegt ist, wird eine Distanznahme vollzogen. Wesentliches Element dieser Distanznahme ist die Unterscheidung zwischen einem Geschehen, das nach einer einigermaßen durchschaubaren, einer durch themis (Satzung) und nomos (Zuteilung) verbrieften «göttlichen» Ordnung verläuft, von einem Geschehen, das eine nicht erkennbare und beeinflussbare Zwangsläufigkeit (ananke) besitzt und deshalb *unvorhersehbar und unbeeinflussbar* in die «göttliche» Ordnung einzubrechen vermag. Mit dieser Unterscheidung wird versucht, Ordnung und schicksalhaftes Geschehen in ein Verhältnis zueinander zu setzen. Im mythologischen Umfeld heißt das, dass man sich mit Besonnenheit und Scheu vor den Göttern gegenüber dem Schicksal «vorsehen», wenn auch nicht definitiv absichern kann; denn hat einen einmal das Schicksal getroffen, dann «gibt es für Sterbliche keine Befreiung». Ein Beispiel: Kreon tritt in Sophokles' *Antigone* mit den Worten ab: «Alles verquer, Was ich in Händen halte, Von dort aber ist aufs Haupt mir Ein unbewältigbar Geschick hereingesprungen.»[9] Gegen diese Gefahr, dass einem etwas Fürchterliches «hereinspringen» könnte, und die damit verbundene Angst tritt nun die Philosophie an, historisch gesehen in der Antike insbesondere die *stoische* Philosophie. Sie setzt dabei nicht, wie die gewöhnliche Lebenskunst, auf Göttererzählungen und die in ihnen vor Augen geführte Ordnung im Zeichen Apollos, sondern auf die *Überwindung* jener Unterscheidung zwischen schicksalhafter Irrationalität und göttlich-apollinischer Ordnung im umfassenden Gesetz des *Logos*. Statt zu unterscheiden, wird das Schicksal (*heimarmene*) mit dem Logos identifiziert. Der entscheidende Schritt im geistigen Kampf gegen das Schicksal (und seine Voraussetzung in Glauben und Rede) besteht darin, dass es in eine philosophische Theorie der Welt ein-

---

9 Sophokles: *Antigone* 1338ff., in: *Tragödien*, hg. und mit einem Nachwort versehen von W. Schadewaldt, Zürich 1968.

gebunden und damit domestiziert wird. Das geschieht so, dass die Stoiker das Schicksal zum «Vernunftgesetz des Kosmos» erklären, zum Gesetz, «gemäß dem das Geschehene geschehen ist, das Geschehende geschieht und das künftig Geschehende geschehen wird». «Schicksal» (*heimarmene*) bedeutet nun die «natürliche Anordnung allen Geschehens, kraft deren von Ewigkeit her eines dem anderen folgt und nach einer unausweichlichen Verflechtung abläuft»[10]; es bedeutet nicht mehr den Einbruch in eine Ordnung, sondern ist – vergleichbar mit Kausalität – der Begriff dieser Ordnung. Alles Geschehen ist Schicksal, d.h. notwendig, es unterliegt einem es zwingenden Gesetz, das die Vernunft der Welt repräsentiert und garantiert. Der mythische Gedanke des Schicksals wird damit in einen reflektierten «logischen» Begriff überführt und dabei zugleich tiefgreifend verändert. Denn was hat das als durchgängige gesetzliche Verknüpfung aller Weltereignisse begriffene Schicksal noch mit jener Erfahrung eines Verhängnisses zu tun, das auf unverständlich-zufällige Weise einen bestimmten Menschen oder ein bestimmtes Geschlecht trifft? Wenn alles der neuen Notwendigkeit des abstrakt-allgemeinen Weltgesetzes unterliegt, ist jeglicher Erfahrung eines Zufälligen und grundlos Zwingenden der Boden entzogen. Die neue Notwendigkeit treibt der Welt den Zufall aus, den die alte Ananke gerade bestätigt hatte.[11] Nicht mehr Besonnenheit und Scheu vor den Göttern sind gefragt, sondern vernünftige Einsicht in die Gesetzmäßigkeit des Weltgeschehens, wenn man nicht ein Fall fürs Schicksal werden möchte – eine Einsicht, der dann anstelle von Vorsicht und Scheu die Kraft zur Leitung des eigenen Lebens zugetraut werden kann. Seneca schreibt im 107. Brief an Lucilius:

---

10 *Stoa und Stoiker*, eingeleitet und übertragen von M. Pohlenz, Zürich 1950, S. 92 (nach Chrysipp).
11 Vgl. Max Horkheimer und Theodor W. Adorno: *Dialektik der Aufklärung*, Frankfurt/M. 1969, S. 19: «Die Abstraktion, das Werkzeug der Aufklärung, verhält sich zu ihren Objekten wie das Schicksal, dessen Begriff sie ausmerzt: als Liquidation.»

> Auf dieses Gesetz muss sich unsere Seele einstellen; ihm soll sie folgen, ihm gehorchen; und was immer geschieht – dass es geschehen musste, soll sie einsehen und nicht die Natur beschuldigen wollen. Am besten ist es hinzunehmen, was du nicht bessern kannst, und dem [philosophischen] Gott, nach dessen Willen alles geschieht, ohne Murren sich anzuschließen.[12]

Was hier unter Leitung der Logik in der Durcharbeitung des Schicksalsgedankens im Interesse der Lebenskunst geschieht, wird von alters her als wesentliche Kräftigung der philosophischen Wissenschaft begrüßt und weiterverfolgt. Denn wir sind davon überzeugt: Erst in einer philosophischen – stoischen, spinozischen oder hegelschen – Fassung gewinnt die mythologische Rede vom Schicksal die Statur eines ordentlich, d.h. rational, zu diskutierenden Problemkomplexes, an dem vor allem die Frage der Zurechenbarkeit von Handlungen allgemein interessiert.

Die neuzeitliche Aufhebung des Schicksals in einer kausal-deterministisch gedeuteten Welt

Ein später Kronzeuge radikaler rationaler Bewältigung der in den Schicksalsgedanken gefassten Bedrohung ist Immanuel Kant. Im Zuge seiner Kritik an aller bodenlosen Spekulation erklärt er 1781 das Schicksal zu einem Begriff, für dessen philosophischen Gebrauch es keine Legitimation, weder eine empirische noch eine vernunftmäßige, gebe.[13] «In mundo non datur fatum», zu deutsch in Kants eigenen Worten: «Keine Notwendigkeit in der Natur ist blinde, sondern bedingte, mithin verständliche Notwendigkeit»[14]. Die blinde Notwendigkeit des fatum hat wie der Zufall (das «bloße Ohngefähr») keinen Platz mehr in unserem Denken, sie ist durch eine kausalgesetzlich fundierte Notwendigkeit des Naturgeschehens ersetzt worden. Alles, was geschieht, unterliegt dem Gesetz von Ursache und Wirkung. Das gilt jedenfalls für unsere wissen-

---

12 L. Annaeus Seneca: *Ad Lucilium Epistulae morales* 107, 9. Übersetzt, eingeleitet und mit Anmerkungen versehen von M. Rosenbach (*Philosophische Schriften*, Bd. IV), Darmstadt 1984.
13 I. Kant: *Kritik der reinen Vernunft* A (1781) 84f. / B (1787) 117.
14 Ebd., A 227 / B 280; vgl. Reflexion 5973 (Akad.-Ausg. Bd. XVIII, S. 410f.).

schaftliche Weltsicht (Determinismus). Aber auch für die konkurrierende ethische Sicht auf den Menschen bedarf es nach Kant nicht mehr der Zulassung einer anderen Art von Notwendigkeit, einer blinden, schicksalhaft unverständlichen Notwendigkeit. Ob es eine solche gibt, ist eine Frage, die jenseits unserer menschlichen Wissensmöglichkeiten liegt. Was soll ich tun? Wie soll ich handeln? Diese Frage ist für Kant unabhängig von meinem Ergehen zu beantworten, unabhängig davon, ob mich das Glück begünstigt oder ein böses Schicksal ereilt.

Die Wiederkehr des Schicksals

Demgegenüber möchte ich den Blick darauf lenken, dass diese rationalistische Erledigung des Problems den Erfahrungen, auf die wir mit dem Wort «Schicksal» Bezug nehmen, nicht gerecht wird, ja ihnen gegenüber geradezu nichtssagend bleibt. Es drängt sich schon bezüglich der antiken Philosophie die Frage auf, ob man den Gedanken des Schicksals in einer Philosophie wie der stoischen wirklich so schnell losgeworden ist. Denn auf den zweiten Blick ist der Schicksalsgedanke dann wieder da, er kehrt mit dem Problem des *Fatalismus* als Lebenseinstellung zurück (wie bei Seneca ersichtlich wird). Das alte Schicksal macht sich in diesem Gespenst wieder bemerkbar. Es meldet sich zurück, wenn etwa die philosophische Schicksalslehre in einen Gestirnfatalismus transformiert oder der Begriff des Schicksals (fatum) ausdrücklich wieder eingeführt wird, um gegenüber der Notwendigkeit des allgemeinen Weltgesetzes für die Willens- und Handlungsfreiheit des Menschen Raum zu schaffen.[15] Und auch die in der neueren Geistesgeschichte bis heute, z.B. bei Katastrophen mit vielen menschlichen Opfern, ständig wieder aufbrechende Konkurrenz zwischen der theologischen Vorsehungslehre und einem metaphysischen Fatalismus

---

15 Paul Tillich stellte 1929 in seiner Frankfurter Antrittsvorlesung «Philosophie und Schicksal» (Kant-Studien XXXIV, 1929, S. 300–311) heraus, dass der philosophische Begriff des Schicksals auf den Begriff der Freiheit bezogen werden muss: «Wo keine Freiheit, da ist kein Schicksal, da ist unmittelbare, immanente Notwendigkeit» (S. 301). Das war inexplizit gegen die stoische Schicksalslehre gesagt.

verrät das Treiben des Schicksalsproblems hinter seiner philosophischen Einfriedung, von der Artikulation unserer Lebenserfahrungen in einer postchristlichen Welt gar nicht zu reden. Wenn es sich aber so verhält, dass wir mit dem Schicksal gegen allen Anschein doch nicht im Reinen sind, dann scheint es nicht müßig, erneut über das Verhältnis der Vernunft zum Schicksal nachzudenken. Es lässt sich wohl kaum etwas dagegen einwenden, das zusammen mit dem Vernunftskeptiker Sigmund Freud zu versuchen.

Das Schicksal in der Psychoanalyse

Generell leidet die von Philosophie und Wissenschaft in Anspruch genommene «Vernunft» unter dem psychoanalytischen Blick, der ihr den Sieg über Triebe und Leidenschaften streitig macht. Gegenüber Ludwig Binswanger äußerte Freud einmal, «Philosophie sei eine der anständigsten Formen der Sublimierung verdrängter Sexualität, nichts weiter»[16]. Sublimierung bestimmt Freud als ein «Triebschicksal». Ist also Philosophie mit ihrem Vernunftgebrauch im Grunde nur ein Produkt schicksalhaften Geschehens im Bereich der menschlichen Triebnatur? Der psychoanalytische Blick auf die Philosophie stellt in Frage, ob der philosophischen Vernunft gelang, was sie sich zuschreibt: das Schicksal wie auch den Zufall gebannt zu haben, indem sie universal gültige Prinzipien der rationalen Erklärung aller Weltvorgänge formulierte. Lässt die Psychoanalyse Freuds bei ihrer Unterminierung solcher Vernunftansprüche das alte Schicksal etwa wieder aufleben oder macht sie es gar zu ihrem Bündnispartner?

Zunächst will ich festhalten, dass Freud keine Theorie des Schicksals liefert, ja nicht einmal einen Begriff des Schicksals ausbildet, dass er vielmehr vom Wort «Schicksal» nur einen – wie man sagen könnte – operativen Gebrauch macht. Doch lassen sich drei theoretische Kontexte ausmachen, in denen – mindestens zeitweilig – auffällig häufig vom Schicksal die Rede ist: die Triebtheorie, die Neurosentheorie und die Kulturtheorie.

---

16 *Sigmund Freud – Ludwig Binswanger: Briefwechsel 1908–1938*, hg von Gerhard Fichtner, Frankfurt/M. 1992, S. 266.

Am traditionellsten, scheint mir, setzt er das Wort in seiner Kulturtheorie ein. Er verwendet es hier erstens zur Bezeichnung der dem Menschen von der übermächtigen Natur zugefügten Schädigungen und beschreibt, wie dieser das Fremde der «unpersönlichen Kräfte und Schicksale» dadurch mindert und partiell überwindet, dass er sie vermenschlicht, nämlich zu Wesen macht, «wie man sie aus der eigenen Gesellschaft kennt». Freud nennt das «Ersatz einer Naturwissenschaft durch Psychologie», weil auf dem Weg zur weiteren Bewältigung der Übermacht des Schicksals das infantile Vorbild der Hilflosigkeit gegenüber den Eltern zur Verfügung steht, mit dem die schicksalhaft wirkenden Naturkräfte in persönlich ansprechbare Götter verwandelt werden können.[17] Aber, und das ist nun ein erster interessanter Hinweis auf Freuds Respekt vor dem Schicksalsgedanken:

> Was die Austeilung der Schicksale betrifft, so bleibt eine unbehagliche Ahnung bestehen, dass der Rat- und Hilflosigkeit des Menschengeschlechts nicht abgeholfen werden kann. Hier versagen die Götter am ehesten [...].

So wird deren Aufgabe in der «Domäne» des Moralischen konzentriert, wo es darum geht, «die Mängel und Schäden der Kultur auszugleichen».[18] – Zweitens bringt Freud den Fortgang der Kultur ebenso wie die jeweilige Gestalt individuellen Lebens mit den sogenannten Triebschicksalen in Verbindung. Wie bekannt vertritt er die Auffassung, dass eine gedeihliche Kulturentwicklung auf Triebsublimierung als ein «von der Kultur erzwungenes Triebschicksal» angewiesen ist.[19] Diesem Begriff des Triebschicksals gilt nun unser weiteres Interesse. Denn was sagt Freud eigentlich, wenn er den Trieben ein Schicksal zuordnet oder wenn er am Schluss seiner Schrift *Das Unbehagen in der Kultur* den Umgang mit dem Aggressions- und Selbstvernichtungstrieb zur Schicksalsfrage der Menschenart erklärt?[20]

Der Ausdruck «Triebschicksale» begegnet vor allem in Schriften aus dem Jahr 1915. Freud unterscheidet hier – zunächst eingeschränkt auf die Sexualtriebe – vier Triebschicksale: «Die Verkeh-

---

17 S. Freud: *Die Zukunft einer Illusion*, GW XIV, S. 338f.
18 Ebd., S. 339f.
19 *Das Unbehagen in der Kultur*, GW XIV, S. 457.
20 Ebd., S. 506.

rung ins Gegenteil. Die Wendung gegen die eigene Person. Die Verdrängung. Die Sublimierung.» Das Erstere, die Verkehrung ins Gegenteil, gliedert er nochmals auf: «in die *Wendung* eines Triebes *von der Aktivität zur Passivität* und in die *inhaltliche Verkehrung*».[21] Warum spricht Freud bezüglich dieser Prozesse von einem Schicksal, dem die Triebe – nicht, wie bei Spinoza, die den Affekten unterworfenen Menschen – unterliegen? Wie der Fall der Verkehrung vom Voyeur zum Exhibitionisten besonders gut zeigt, *stößt* nach seiner Auffassung dem Trieb etwas zu, wenn sich die Aktivität des Schauens in die Passivität des Beschautwerdens verwandelt; er wird in seiner Richtung *gewendet* und inhaltlich *verkehrt*. Und eben das scheint es für Freud nahezulegen, von einem «Schicksal» des Triebes zu reden. Aber nicht genug. Weitere Kennzeichen eines schicksalhaften Prozesses lassen sich an der *Verdrängung* aufweisen, die bereits eine höhere Stufe der seelischen Organisation voraussetzt, nämlich die «scharfe Sonderung von bewusster und unbewusster Seelentätigkeit». Das «Verdrängungsschicksal», das eine Triebregung erleidet, ist unbewusst, ja es *besteht* darin, dass «der psychischen (Vorstellungs-)Repräsentanz des Triebes die Übernahme ins Bewusste versagt wird».[22] An diese erste Stufe, die «Urverdrängung», schließt die «Nachverdrängung»[23] an. Freud macht darauf aufmerksam, dass hierbei nicht nur Abstoßung «vom Bewussten her» im Spiel ist, sondern dass auch das Urverdrängte seine «psychischen Abkömmlinge» oder mit ihm assoziierte Vorstellungen *anzieht*. (Die Parallele zur «Fügung» von Ereignissen, die von einem einmal unterstellten Schicksal ausgeht, liegt auf der Hand.) Das Urverdrängte kann ein solches Gravitationszentrum bilden, weil die Versagung der Bewusstwerdung damit einhergeht, dass die Triebrepräsentanz fixiert und der Trieb fest an sie gebunden wird. Die *Ananke*, die Unabänderlichkeit des Schicksals, findet in dieser *Starre* ihren psychoanalytischen Ausdruck.

Diese Konvergenz zwischen den Merkmalen der Triebabwehr einerseits, insbesondere der Verdrängung, und des Schicksals andererseits, bestätigt sich am Wiederholungszwang, wie ihn Freud

---

21 GW X, S. 219.
22 Ebd., S. 250.
23 GW XVI, S. 71.

in *Jenseits des Lustprinzips* von 1920 analysiert. Ausgangspunkt ist die Beobachtung, dass sich der Neurotiker in der psychoanalytischen Kur genötigt fühlt, «das Verdrängte als gegenwärtiges Erlebnis zu *wiederholen*, anstatt es [...] als ein Stück der Vergangenheit zu *erinnern*»,[24] und zwar ohne Rücksicht auf die damit einhergehende Lust oder Unlust. Freud schreibt diesen Wiederholungszwang dem «unbewussten Verdrängten» zu und zieht dann selbst die Parallele zum «Leben nicht neurotischer Personen», das «den Eindruck eines sie verfolgenden Schicksals, eines dämonischen Zuges in ihrem Erleben» macht, weil sie – ununterschieden vom neurotischen Wiederholungszwang – einem «Schicksalszwang» zu unterliegen scheinen, indem z.B. eine wiederholt eingegangene Beziehung immer denselben negativen Ausgang nimmt. Beispiele dafür sind bekannt, Freud führt u.a. Wohltäter an, «die von jedem ihrer Schützlinge nach einiger Zeit im Groll verlassen werden, so verschieden diese sonst auch sein mögen».[25] Was besagt es, wenn in Fällen, in denen jemand ständig enttäuscht, betrogen oder verraten wird bzw. sich so vorkommt, von «Schicksal» geredet wird? Ich erinnere an das anfangs Gesagte: Als Schicksale bezeichnen wir solche Fälle, weil den betroffenen Personen wiederholt etwas widerfährt, worauf sie keinen Einfluss zu haben scheinen. Von einem «Schicksal» oder «Los» zu sprechen, drängt sich angesichts der befremdlichen, für die Betroffenen meist unerklärlichen Erscheinung der periodischen Wiederkehr von unglücklichen Ereignisabläufen bzw. -verkettungen auf, die nicht in die eigene Verantwortung zu fallen scheinen, sondern als von außen bestimmt gesehen werden. Mit dem Wort «Schicksal» wird zugleich der scheinbaren Grundlosigkeit der Wiederholung Paroli geboten, freilich auch keine rationale Erklärung geliefert, eine solche vielmehr dementiert.

An diesem Punkt setzt nun *in* der Bezugnahme aufs Schicksal die psychoanalytische Kritik Freuds *an* dieser Bezugnahme ein. Diese Kritik richtet sich erstens gegen die Personifikation des Schicksals

---

24 GW XIII, S. 16.
25 Ebd., S. 20. Es sei nur beiläufig erwähnt, dass die Rede vom «Schicksalszwang» (S. 22) in der psychoanalytischen Neurosentheorie mit dem Begriff der Schicksalsneurose aufgenommen worden ist.

im *Mythos*. Es erscheint Freud[26] sehr schwer und kaum geleistet, sich von der «elterlichen Auffassung des Schicksals [...] frei zu machen», wie sie überall dort durchscheint, wo «die Leitung des Weltgeschehens der Vorsehung, Gott oder Gott und der Natur übertragen» wird. Nimmt man «die dunkle Macht des Schicksals» als die «letzte Gestalt» in der mit den Eltern beginnenden Reihe der für das Über-Ich relevanten Autoritäten, so ist zu konstatieren, dass «erst die wenigsten von uns» das Schicksal «unpersönlich zu erfassen vermögen».[27] Indem also Freud Elemente der Schicksalsvorstellung für die Psychoanalyse heranzieht, entmythologisiert er sie auch. Das geschieht nun zweitens so, dass die Psychoanalyse – um auf den Wiederholungszwang zurückzulenken – das Schicksal von Neurotikern «für zum großen Teil selbstbereitet und durch frühinfantile Einflüsse determiniert» hält.[28] Trotzdem behält die Rede von ihrem Schicksal einen guten Sinn. Sie bringt nämlich zum Ausdruck, dass die Wiederholung nicht eine Leistung des Ich ist, sondern – dem Ich entgegen – vom unbewussten Verdrängten ausgeht. Das angebliche Schicksal lässt sich durch Psychoanalyse theoretisch aufklären, indem es der Verdrängung bzw. der «Kraftäußerung des Verdrängten» zugeschrieben wird,[29] und es lässt sich therapeutisch angehen. Und das gilt auch für die anderen Triebschicksale. Dennoch ist das mit dem Unbewussten verbundene Schicksal für Freud weder bewusstseinsphilosophisch oder metaphysisch in einer höheren Wahrheit aufhebbar noch praktisch restlos überwindbar. Man erkennt das an besonders bekannten Zitaten, wenn man sie anders als üblich intoniert: «Wo Es war, *soll* Ich werden»; «das Ich *kann* nie Herr im eigenen Haus sein». Darin ist Freud Kantianer, und zwar ein über Kant hinausgehender Kantianer. Freuds Vernunftkritik ist radikaler als diejenige Kants, weil er sich – gewissermaßen zähneknirschend – eingesteht, dass dem Schicksal ein begrenztes Wort zu lassen ist. In dieser unmythologischen, 'methodischen' Bedeutung setzt er den Schicksalsgedanken in seiner Vernunft- und Philosophiekritik ein.

---

26 Ich beziehe mich auf «Das ökonomische Problem des Masochismus» (1924), GW XIII, S. 369–383.
27 Ebd., S. 381.
28 *Jenseits des Lustprinzips*, GW XIII, S. 20.
29 Ebd., S. 18.

Das Schicksal der menschlichen Vernunft

Anders Kant. Er zollt dem Schicksal in Gestalt einer – wenn man so will – enormen Fehlleistung seinen Tribut. Nachdem in der mit der *Kritik der reinen Vernunft* vollzogenen Selbstaufklärung der menschlichen Vernunft der Schicksalsbegriff liquidiert worden ist, beginnt er die Vorrede zum Werk mit den Worten: «Die menschliche Vernunft hat das besondere Schicksal [...]» Welches nämlich? «dass sie durch Fragen belästigt wird, die sie nicht abweisen kann [...], die sie aber auch nicht beantworten kann».[30] Die Rede vom Schicksal ist an dieser Stelle gewiss eine unthematische. Warum bedient sich Kant aber überhaupt des Wortes? Es ist nicht zufällig gewählt, denn in der Vorrede zur 2. Auflage fragt er wieder, woher «denn die Natur unsere Vernunft mit der rastlosen Bestrebung heimgesucht» habe, dem Weg zur Metaphysik als Wissenschaft nachzuspüren.[31] Kant meint mit «Schicksal» offenbar das der menschlichen Vernunft von der Natur (des Menschen) zugeteilte Los, metaphysische Fragen stellen zu müssen; oder umgekehrt formuliert: das der Vernunft eingeschriebene Bedürfnis nach metaphysischen Einsichten ist schicksalhaft über sie verhängt. Metaphysisches Denken ist für Kant nicht – wie für Freud – als ein Schicksal der menschlichen *Triebnatur* zu entschleiern, sondern als ein *Vernunftschicksal* zu begreifen.

Hinter dem 'Einfall' des Wortes «Schicksal» steht bei Kant wie bei Freud eine Erfahrung – eine Erfahrung bei der Arbeit an Aufklärung. Sie artikuliert sich bei Freud als Lebenserfahrung. Denn in *Die Zukunft einer Illusion* plädiert er in sanfter Weise für «Wunschverzicht und Ergebung in das Schicksal».[32] Das ähnelt wohl der stoischen Einstellung Senecas, wird aber im Unterschied zu dessen Lebenskunst nicht von der Überzeugung getragen, dass der Logos die Welt regiert. Gegen die «Enge des Kausalbedürfnisses der Menschen», das sich «mit einem einzigen verursachenden Moment zufrieden geben will», führt Freud beiläufig ins Feld: «Δαίμων καὶ Τύχη [d.h. Konstitution und Zufall] bestimmen das

---

30 A VII. Vgl. Refl. 5115, Akad.-Ausg. Bd. XVIII, S. 94.
31 B XV.
32 GW XIV, S. 359.

Schicksal eines Menschen; selten, vielleicht niemals, eine dieser Mächte allein.»[33]

Das von Kant konstatierte metaphysische Bedürfnis lässt sich jedoch nicht schicksalsergeben hinnehmen. Es drängt auf seine Erfüllung durch metaphysische Erkenntnis – eine Erfüllung, die gerade auch die Bezugnahme auf ein Schicksal lebenspraktisch und theoretisch überflüssig machen würde. Umgekehrt beinhaltet die Rede von einem Schicksal das schmerzhafte Eingeständnis: Die Erfüllung bleibt aus, der «Absolutismus der Wirklichkeit» ist nicht oder nur scheinbar zu bewältigen. Der Schicksalsgedanke bestätigt damit insgeheim das metaphysische Bedürfnis nach einer Antwort auf die große Sinnfrage.

Ließe sich aber nicht doch dem Schicksalsgedanken in einer philosophischen Metaphysik ein höherer Stellenwert geben? Sogar im Sinne einer Schicksalsbindung der Philosophie selbst? In seiner schon erwähnten Frankfurter Antrittsvorlesung unterscheidet Paul Tillich zwischen zwei Typen einer Philosophie des Schicksals, einem schicksalslosen und einem schicksalsgebundenen Typ. Ich gehe kurz darauf ein, ohne mich selbst dabei unter den Druck der Frage zu stellen, in welchem «Schicksalswandel» Philosophie gestanden haben müsse, «damit sie den Weg gehen konnte von der schicksalslosen zur schicksalsgebundenen Wahrheit».[34] Tillichs Überlegungen führen über das in der Philosophie *thematische* Wechselverhältnis von Schicksal und Freiheit hinaus, indem er für die *Philosophie* selbst ein Schicksal namhaft macht, das seinerseits unter der Voraussetzung der Freiheit steht. Wie lassen sich Freiheit und das sie negierende Schicksal der Philosophie zusammendenken? Für Tillich so, dass die Freiheit der Philosophie «in eine übergreifende transzendente Notwendigkeit» eingeschlossen ist. Die Aussage bleibt zunächst sehr abstrakt. Tillich liefert die Konkretisierung bei Beantwortung der Frage, wie Philosophie ihre Schicksalsbedingtheit begrifflich fassen könne. Grundlage dafür ist nach ihm die von den griechischen Philosophen geleistete Entdämonisierung der «heilig-zerstörerischen Macht» des Schicksals[35] einerseits, die (letztlich religiöse) Gewiss-

---

33 «Zur Dynamik der Übertragung» (1912). GW VIII, S. 364f.
34 A.a.O. (Anm. 15), S. 300.
35 S. 302.

heit eines transzendenten Sinnes als des «göttlichen» Schicksals andererseits. Hier ist bewusst, dass das alte Schicksal, die moira, einer entschärfenden Uminterpretation, eben einer «Entdämonisierung» bedurfte, um für die Philosophie greifbar zu werden. Das Resultat war eine Theorie, die sich des Schicksals bemächtigt und es sich so, theoretisch, unterworfen zu haben glaubte. Wenn ich ihn richtig verstehe, nennt Tillich eine solche Theorie oder Philosophie schicksalslos. Was beinhaltet demgegenüber eine schicksals*gebundene* Philosophie? Wie soll es möglich sein, die Schicksalsbedingtheit der Philosophie begrifflich zu denken? Das gelingt nur, wenn es denn gelingt, mit einer neuerlichen Umdeutung, der gemäß das Schicksal der Philosophie darin besteht, einen transzendenten Sinn voraussetzen zu müssen. Bleibt «die dämonische Drohung des Schicksals überwunden, so kann die Philosophie dem Schicksal, dem sie unterworfen war von Anfang an, und dem sie entrinnen wollte und nie entronnen ist, Einlass geben in ihr Denken».[36] Tillich nimmt richtigerweise davon Abstand, dieses «Schicksal» zum *Grund der Selbsterzeugung* von Philosophie zu machen, wäre doch das Resultat nur wieder eine präsumptiv schicksalsfreie Philosophie. Aber was ist, so muss man sich nun fragen, an diesem «Schicksal» der Sinnvoraussetzung noch Schicksal? Das Schicksalhafte der Gebundenheit philosophischen Denkens besteht für Tillich in der *Unverfügbarkeit* der Sinnvoraussetzung, von der es Gebrauch macht. Der philosophische Theologe versteht diese Unverfügbarkeit als ein «göttliches», durch Christus eröffnetes Schicksal.

Inwieweit aber kann Philosophie überhaupt dem Gedanken der Unverfügbarkeit der Voraussetzung eines transzendenten Sinnes «Einlass geben in ihr Denken»? Sie kann es nicht im Sinne eines affirmativen Zugeständnisses, sondern nur als Eingeständnis ihrer Bindung an die *Suche* nach einem durch Vernunft verbürgten Sinn. So begegnet im Gedanken einer schicksalsgebundenen Philosophie nur wieder, was Kant als Schicksal der menschlichen Vernunft umgetrieben hatte: dass Vernunft in Gestalt metaphysischen Denkens darauf gerichtet sein muss, jeden Rückgriff aufs Schicksal durch Berufung auf Zufall oder «blinde» Notwendigkeit hinter sich zu lassen, dieses Ziel jedoch nicht zu erreichen vermag, sondern auf den Weg dazu verwiesen bleibt.

36 S. 309f.

III Das metaphysische Bedürfnis

Kant und die Metaphysik

Was führte Kant dazu, ein metaphysisches Bedürfnis des Menschen zu unterstellen und dieses sogar als eine schicksalhafte Gegebenheit zu behaupten, hinter die menschliche Vernunft nicht zurückgehen könne?

Für nicht wenige seiner Zeitgenossen enthielt die *Kritik der reinen Vernunft*, sein Hauptwerk, nichts weniger als eine vernichtende Kritik jedweder Metaphysik. Unter dem Eindruck seiner Lektüre des Werks prägte Moses Mendelssohn 1785 im Vorbericht zu seinen *Morgenstunden* das Diktum vom «alles zermalmenden Kant». Es bezog sich vor allem darauf, dass Kant die Beweise für die Unsterblichkeit der Seele und die Existenz Gottes als nicht schlüssig nachgewiesen hatte. Aber was Mendelssohn in seinem Diktum nicht in Betracht zog: Kants Kritik bedeutete keineswegs einen totalen Abschied von Metaphysik. Im Gegenteil, er selbst bezeichnete sein eigenes, kritisch bereinigtes System wieder als «Metaphysik» (mit den zwei Teilen einer Metaphysik der Natur und der Sitten), ja stellte es sogar frei, diesen Namen der ganzen «reinen Philosophie», unter Einschluss ihres kritischen Vorspanns, zu geben.[1] Und, gravierender noch als dieser primär terminologische Befund: Kant postulierte, dass trotz des Verdikts eine gewissermaßen «natürliche» Metaphysik bestehen bliebe und die Kritik an ihr philosophische Daueraufgabe sein würde.

> Dass der Geist des Menschen metaphysische Untersuchungen einmal gänzlich aufgeben werde, ist eben so wenig zu erwarten, als dass wir, um nicht immer unreine Luft zu schöpfen, das Atemholen einmal lieber ganz und gar einstellen würden.

Das Resultat derartiger Untersuchungen sei aber bislang derart unbefriedigend, dass es eine grundsätzliche Auseinandersetzung mit dieser Vernunfttendenz brauche. In einer solchen Auseinanderset-

---

1 *Kritik der reinen Vernunft* (KrV) A 841 / B 869.

zung sei «Kritik» das einzige Mittel, «diesem dringenden Bedürfnis, welches noch etwas mehr als bloße Wissbegierde ist, abzuhelfen».[2] Eine Reflexion führt das kritische Programm drastisch vor:

> Die dogmatische Metaphysik ist eine Magia iudiciaria, visionaria. Sie ist nicht das organon, sondern das catarcticon der transzendenten Vernunft. Würmer des Gehirns. Palliativmittel. Rezidiv. Gründliche Kur durch Abführung.[3]

Kant polemisiert hier gegen eine Gestalt von Metaphysik, wie er sie selbst noch in seinen Vorlesungen der 1760er und 1770er Jahre vorgetragen, wenn dabei aber auch schon kritisch kommentiert hatte. Das von ihm zugrunde gelegte Lehrbuch stammte aus der Schule Christian Wolffs, der seinerseits die scholastische Tradition des 17. Jahrhunderts rezipiert und sich insbesondere unter dem Einfluss von Leibniz neu angeeignet hatte. Metaphysik ist laut Kants Polemik eine Geheimkunst, in der urteilend gezaubert wird, das heißt mit Hilfe undurchschauter Fehlschlüsse Verblüffungseffekte erzeugt werden. Gegen ihr Selbstverständnis als Werkzeug (organon) einer transzendente Erkenntnis suchenden Vernunft erklärt er sie zum bloßen «Reinigungsmittel» (catarcticon) der Vernunft. Das meint: Die Überprüfung der «dogmatischen Metaphysik» als der systematischen Lehre vom Seienden, von Gott, der Welt und der menschlichen Seele ergibt, dass die dogmatisch-metaphysisch denkende Vernunft in Fehlschlüsse und Selbstwidersprüche getrieben wird; die Anerkennung dieses Befundes führt zur begründeten Begrenzung der Einsichtsmöglichkeiten menschlicher Vernunft. Im medizinischen Vergleich: Die metaphysischen «Würmer des Gehirns» werden einer «gründlichen Kur durch Abführung» unterzogen, denn die Anwendung bloßer Palliativ-, d.h. Linderungsmittel, hätte Rückfälle zur Folge.

Ist das menschliche Gehirn 'wurmfrei', nachdem es die Abführungskur der «Kritik» durchgemacht hat? Kant selbst teilt gleich zu Beginn der Kur mit, dass sie nur beschränkten Erfolg haben werde.

---

2 *Prolegomena zu einer jeden zukünftigen Metaphysik*, in: *Kant's gesammelte Schriften* (Akademie-Ausgabe, im Folgenden zit. als Akad.-Ausg.) Bd. IV, S. 367. Zu Kants Kritikkonzept ausführlicher unten in Kap. IV.

3 Refl. 5027, Akad.-Ausg. Bd. XVIII, S. 65. Der Ausdruck «Würmer des Gehirns» stammt von Swift (ebd., Anm. zur Stelle).

Der «transzendentale Schein» werde trotz seiner Aufdeckung nicht verschwinden; mit anderen Worten: die metaphysische Illusion, Erkenntnisse auch jenseits der Erfahrungsgrenzen zu gewinnen, sei «unhintertreiblich». Er vergleicht diesen Sachverhalt mit dem optischen Schein, dass das Meer in der Ferne höher ist als am Ufer oder dass der Mond, wenn er aufgeht, größer ist als zu einem späteren Zeitpunkt. Dieser Schein erhält sich trotz besseren Wissens.[4]

Es kommt bei diesem Vergleich wohl darauf an, dass sich die dem Menschen *natürliche* Sicht nicht einfach der *durch Wissenschaft* gewonnenen Erkenntnis fügt. Das Bedürfnis nach Metaphysik hält Kant für ein natürliches, ein mit der Natur der menschlichen Vernunft gesetztes Bedürfnis. Es hat sich immer schon zu einer «natürlichen Metaphysik» ausgebildet. Der Nachweis ihrer Scheinhaftigkeit beseitigt diese Metaphysik nicht; auch zur Illusion geworden, besteht sie fort. Nicht absichtliche Trugschlüsse formieren sie, sonst wäre sie bloß ein künstliches Blendwerk und als solches auflösbar. Der von der kritischen Reflexion in aller Metaphysik aufgedeckte Schein und die ihn tragende subjektive Illusion sind selbst «natürlich», darum «unvermeidlich» und eben «unhintertreiblich». Wie der optische Schein zur sinnlichen Wahrnehmung gehört, ist der transzendentale Schein mit der menschlichen Vernunft gegeben. Die transzendierende Vernunft ist die der *menschlichen Natur* zugehörige Vernunft.[5] Die Aufdeckung des «transzendentalen Scheins» bildet deshalb eine dauerhafte bzw. ständig wiederkehrende Aufgabe einer kritischen Philosophie – heute etwa gegenüber den Herausforderungen durch moderne Fundamentalismen.

Johann Gottlieb Fichtes ironischer Kommentar zu diesem Befund macht auf ein zweites Moment aufmerksam:

> Woher kann Kant, besonders da er der erste war, der diese vermeintliche Täuschung an das Licht brachte, wissen, dass sie immer wiederkehre, und bei wem konnte sie, als er seine Kritik schrieb, wiederkehren, außer bei ihm selbst? Nur an sich selbst konnte er diese Erfahrung gemacht haben.[6]

---

4 KrV A 297f. / B 353f.
5 Vgl. KrV A VII, X.
6 J. G. Fichte: *Zweite Einleitung in die Wissenschaftslehre*, Abschn. 10, in: *Ausgewählte Werke*, hg. von F. Medicus, Bd. III, S. 97f.

Auch wenn man der Auffassung ist, dass diese Erfahrung jeder machen wird, der sich über den Bestand an metaphysischen Theoremen in Geschichte und Gegenwart unterrichtet, bleibt es doch richtig, dass eine Kant eigene philosophische Erfahrung vorliegt, aus der in der Tat und ohne Ironie der Anspruch der Vernunftkritik angemessen zu würdigen ist. Allerdings muss die Annahme, es komme eine persönliche Erfahrung des Philosophen zur Sprache, wenn dieser feststellt, dass sich menschliche Vernunft ob ihrer metaphysischen Intention in Täuschungen verstricke, noch eigens betrachtet werden. Zunächst aber will ich auf das von Kant so prononciert angesprochene *natürliche* Moment des metaphysischen Bedürfnisses eingehen.

Gewiss ist – mit Rudolf Malter[7] – zwischen «metaphysischer Intention» und Metaphysik selbst zu unterscheiden; Metaphysik beinhaltet mehr als das «Hinausdrängen des Denkens über das Erfahrbare», denn in der Metaphysik hat das Hinausdrängen schon Ausdruck in Worten und Sätzen gefunden, präziser gesagt: begrifflichen Ausdruck. Auch ist die Unterscheidung von Bedürfnis oder Intention einerseits und begrifflich artikulierter Metaphysik andererseits schon Resultat der kritischen Analyse der artikulierten Metaphysik.[8] Kant notiert sich:

> Ich versuchte es gantz ernstlich, Satze zu beweisen und ihr Gegentheil, nicht um eine Zweifellehre zu errichten, sondern weil ich eine illusion des Verstandes vermuthete, zu entdecken, worin sie stäke.[9]

Es geht um empirisch nicht abstützbare Sätze über die Totalität «Welt»: Kant legt Beweise sowohl für den Satz «Die Welt hat einen Anfang in der Zeit» vor wie für dessen pures Gegenteil «Die Welt hat keinen Anfang».[10] Beim Gebrauch «reiner», d.h. nicht empirisch gestützter Vernunft stellt sich ein Widerspruch ein. Um einen derartigen Fall in die Widersprüchlichkeit zu vermeiden, scheint es

---

7 Rudolf Malter: «Der Ursprung der Metaphysik in der reinen Vernunft. Systematische Überlegungen zu Kants Ideenlehre», in: *200 Jahre Kritik der reinen Vernunft*, hg. von J. Kopper und W. Marx, Hildesheim 1981, S. 169–210.
8 S. 169f., 172f.
9 Refl. 5037, Akad.-Ausg. Bd. XVIII, S. 69.
10 KrV A 427 / B 455.

sich aufzudrängen, ganz auf die Suche nach metaphysischen Einsichten zu verzichten. Das hieße aber wiederum, überhaupt von Vernunft Abschied zu nehmen – ein seinerseits widersprüchliches und dem Philosophen nur um den Preis seiner Selbstdestruktion zumutbares Unterfangen (vgl. unten Kap. IV). Die artikulierte Metaphysik untersteht allerdings dem Satz vom (ausgeschlossenen) Widerspruch und fällt mit der Feststellung eines Widerspruchs oder anderer logischer Ungereimtheiten in ihren Satzsystemen in sich zusammen. Auf das metaphysische Bedürfnis der Vernunft als die «Naturanlage» zu metaphysischen Urteilen trifft das nicht zu. Denn das Bedürfnis – in der Unterscheidung von seiner Artikulation – auszumachen, heißt gerade, an Vernunft trotz der Widersprüchlichkeit ihrer Artikulationen festzuhalten. Es ist eben die Vernunft bzw. ein Moment ihrer selbst, das in die Widersprüchlichkeit ihrer metaphysischen Artikulation führt.[11] Die letztere, die «vernünftelnde Metaphysik», ist kritisier- und auflösbar, hingegen «erhält» sich Vernunft in ihrem, von der artikulierten Metaphysik unterschiedenen, metaphysischen Bedürfnis.

Daraus folgt nun, dass dieses von Kant konstatierte metaphysische Bedürfnis nicht ein krudes Faktum bildet, das empirisch-anthropologisch aufgedeckt worden wäre, sondern eine *vernunftkritische Setzung*. Mit dieser Setzung wird der menschlichen Vernunft ein an ihr selbst gewissermaßen unvernünftiges Moment zugedacht.

Bedürfnis und Illusion

Was besagt es nun, näher betrachtet, dass der menschlichen Vernunft ein metaphysisches Bedürfnis eignet? Von Bedürfnissen ist in der Gesellschaftslehre und der Psychologie seit dem 18. Jahrhundert die Rede.[12] Man versteht darunter objektiv einen physischen oder psychischen Mangelzustand, der subjektiv erlebt bzw. gefühlt und mit dem Streben zu seiner Beseitigung gekoppelt sein kann. Unter dem letzteren Gesichtspunkt vermag ein Bedürfnis als Motiv oder Trieb aufzutreten, als Trieb vor allem dann, wenn sich der

---

11   R. Malter, a.a.O., S. 173.
12   Vgl. die Artikel zu «Bedürfnis» von J. B. Müller und U. Schönpflug im *Historischen Wörterbuch der Philosophie* Bd. I (1971) Sp. 765ff.

im Bedürfnis bekundende Mangel mit einem Spannungszustand verbunden ist.

Für Kant ist noch *Begierde* (appetitio) der Leitbegriff seiner Anthropologie des «Begehrungsvermögens»; er versteht darunter «die Selbstbestimmung der Kraft eines Subjekts durch die Vorstellung von etwas Künftigen, als einer Wirkung derselben».[13] Neigung, Wunsch, Sehnsucht usw. werden als Gestalten der Begierde definiert (Wunsch als «das Begehren ohne Kraftanwendung zu Hervorbringung des Objekts»), nicht aber Bedürfnis. In der *Grundlegung zur Metaphysik der Sitten* gelten die Neigungen, die auf einem von Empfindungen abhängigen Begehren fußen, als die «Quellen der Bedürfnisse».[14]

Aus den bisher angeführten Belegen geht hervor, dass das von Kant thematisierte Bedürfnis der Vernunft nach metaphysischen Erkenntnissen mehr ist als bloße Wissbegierde, dass es in der Natur der menschlichen Vernunft verwurzelt ist,[15] und weiter, dass es jene «natürliche und unvermeidliche Illusion» hervorruft, die Kant als «transzendentalen Schein» beschreibt.[16] Über die Genese des Bedürfnisses der Vernunft in ihrem theoretischen Gebrauch äußert sich Kant in *Was heißt: Sich im Denken orientieren* so, dass sich die Vernunft «ihren Mangel» vergegenwärtigt und «durch den Erkenntnistrieb», der – so mein Kommentar – den Mangel nicht aushält, «das Gefühl des Bedürfnisses» wirkt.[17] Wir ertragen als Vernunftwesen die Einsicht in die Beschränktheit unserer Erkenntnis von «Übersinnlichem» nicht, ein gefühltes Bedürfnis nach solchem Übersinnlichen springt ein. Dieses Bedürfnis ist nicht nichts, es ist keine «bloße» Illusion, die so schnell wie möglich zu zerstören wäre. Kant spricht vielmehr diesem «Gefühl des Bedürfnisses» die Leistung zu, das nach Erkenntnis des Übersinnlichen suchende Subjekt subjektiv zu *orientieren*. Im Raum der Metaphysik ist Orien-

---

13 I. Kant: *Anthropologie in pragmatischer Hinsicht*, in: Werke, hg. von W. Weischedel, Bd. VI, S. 579.
14 Akad.-Ausg. Bd. IV, S. 428, vgl. S. 413 Anm.
15 In der Vorrede zur 2. Aufl. der KrV spitzt Kant dies sogar zur Frage zu, woher die Natur unsere Vernunft mit der rastlosen metaphysischen Bestrebung «heimgesucht» habe (B XV).
16 KrV A 295ff. / B 352ff.
17 Akad.-Ausg. Bd. VIII, S. 139.

tierung nach Gegenständen nicht möglich, weil sich in ihm kein Anschauungsobjekt mehr findet, also nur Orientierung mit einem «subjektiven Mittel», und das «ist kein anderes, als das Gefühl des der Vernunft eigenen *Bedürfnisses*».[18] Das animal metaphysicum hat keine andere Orientierungsmöglichkeit «im unermesslichen und für uns mit dicker Nacht erfüllten Raum des Übersinnlichen» als dieses seiner Vernunft eigene Bedürfnis.[19] Man muss sich vor Augen halten, dass es hier um die großen und letzten Sinnfragen geht, wie wir heute sagen. In Bezug auf sie orientiert zu sein, kann nicht heißen, eine Erkenntnis über Gott, Welt und Mensch zu besitzen, *Sinnwissen* zu haben. An die Stelle des unerfüllbaren Anspruchs auf objektive Erkenntnis tritt die subjektive Orientierung durch das gefühlte metaphysische Bedürfnis nach der großen Ordnung der Dinge. Dieses Bedürfnis (mitsamt der ihm, ohne Beweis, inhärenten Annahmen bzw. Voraussetzungen) hat seine Rechtfertigung allein aus sich selbst. So findet beispielsweise die Annahme der Existenz Gottes ihre Rechtfertigung nur in dem subjektiven Grunde, dass die Vernunft dieser Annahme zu ihrer Selbsterhaltung «bedarf».[20]

Damit gewinnt das kantische Konzept einer negativen und positiven Kritik der scheinerzeugenden metaphysischen Vernunft größere Klarheit. Die Affirmation eines metaphysischen Bedürfnisses der menschlichen Vernunft ist kompatibel mit der Negation metaphysischer Satzsysteme, in denen sich vermeintliche metaphysische Erkenntnis artikuliert. Der eigentliche Fehler bisheriger Metaphysik liegt darin, das Bedürfnis für Einsicht zu halten.[21]

Kant ist sich aber auch der Folgelasten seiner Lösung des Problems unbeantwortbarer metaphysischer Fragen bewusst. Eine Erfüllung des mit der menschlichen Vernunft verknüpften metaphysischen Bedürfnisses in einer metaphysischen Doktrin erscheint wohl in deren bisheriger Form misslungen, kann aber nicht prinzipiell

---

18 S. 136.
19 S. 137.
20 S. 139. – Wieweit diese radikale Aufklärung bei Kant selbst von der Überzeugung unterbaut wird, dass Natur auch hinsichtlich der menschlichen Vernunft zweckmäßig verfahre, wie er in seiner Geschichtsphilosophie ausführt, dass sich also in jenem Bedürfnis der Zweck der menschlichen Vernunftausstattung «natürlich» erfülle, muss ich dahingestellt sein lassen.
21 S. 138 Anm.

verfehlt sein, weil es bei einem grundsätzlichen Dementi der Einsichtsfähigkeit der transzendierenden Vernunft auch keinen Sinn machte, der Vernunft selbst dieses Bedürfnis einzuschreiben und damit die Vernünftigkeit des Bedürfnisses zu unterstellen. Was folgt nun aber daraus für Inhalt und Form der Antworten auf die metaphysischen Fragen? Es müssen Antworten in Gestalt einer *neuen* Metaphysik sein. Wie sie Kant systematisch konzipiert, kann hier nicht näher erörtert werden. Ich beleuchte aber, wie sich die neuen Antworten einerseits im theoretischen, andererseits im praktischen Gebrauch einer durch ein metaphysisches Bedürfnis gezeichneten Vernunft herausbilden.

Das metaphysische Bedürfnis und die Problematisierung der Vernunft

Wie zeigt sich das metaphysische Bedürfnis in einer neuen, postkritischen systematischen Artikulation von Metaphysik? Ich verfolge das an Kants Lehre von der Erkenntnis der Dinge, d.h. an einer Lehre, die er an die Stelle der vormaligen *Ontologie* (oder «allgemeinen Metaphysik») rückt. Bekanntlich unterscheidet er in der *Kritik der reinen Vernunft* die Objekte, die wir erkennen, vom Ding-an-sich, das wir uns wohl denken, aber nicht erkennen können, weil uns jede Anschauung dazu fehlt. Die ersteren heißen aufgrund ihrer sinnlichen Anschauungsbasis «Erscheinungen» (Phaenomena), das Ding-an-sich ist «Noumenon», bloßes Gedankending. Streng genommen unterliegt das noumenale Ding-an-sich keiner kategorialen Bestimmung und ist somit auch nicht grammatisch bestimmt, etwa im Singular oder Plural ansprechbar. Es fungiert sowohl als Grenzbegriff menschlicher Erkenntnis wie als als deren Ziel. Wo z.B. für die Annahme des Ding-an-sich nur die Erwägung geltend gemacht wird, dass die Rede von Erscheinungen ungereimt wäre, wenn man nicht «etwas» unterstellte, «was da erscheint»,[22] trifft das Erstere zu. Doch spricht Kant durchaus auch vom Ding-an-sich als einem Ziel, dem sich die Erkenntnis des Gegenstandes nur ins Unendliche annähern kann. In dem als Erkenntnisziel begriffenen

---

22 KrV B XXVII.

Ding-an-sich spiegelt sich das metaphysische Bedürfnis auf der ontologischen Ebene. Was mit einem derartigen Aufgegebensein metaphysischer Erkenntnis gemeint ist, wird exemplarisch an der Suche nach einem Vernunftbegriff der *Totalität der Welt* deutlich:

> Die Sinnenwelt ist nichts als eine Kette nach allgemeinen Gesetzen verknüpfter Erscheinungen, sie hat also kein Bestehen für sich, sie ist eigentlich nicht das Ding an sich selbst und bezieht sich also notwendig auf das, was den Grund dieser Erscheinung enthält, auf Wesen, die nicht bloß als Erscheinung, sondern als Dinge an sich selbst erkannt werden können. In der Erkenntnis derselben kann Vernunft allein hoffen, ihr Verlangen nach Vollständigkeit im Fortgange vom Bedingten zu dessen Bedingungen einmal befriedigt zu sehen. [...] Wir sollen uns denn also [...] eine Verstandeswelt und ein höchstes aller Wesen (lauter Noumena) denken, weil die Vernunft nur in diesen als Dingen an sich selbst Vollendung und Befriedigung antrifft.[23]

Der Akzent liegt auf «hoffen» und «sollen ... denken». Die Erkenntnis des Unbedingten, heißt das, ist bleibende *Aufgabe*. Die *neue*, d.h. die nach Zerstörung der alten «dogmatischen» Metaphysik auf der Basis der Vernunftkritik reetablierte Metaphysik, rechnet nicht mehr mit der vollständigen Erfassbarkeit weder des «Gegenstandes» (etwa des physikalischen Körpers) noch der Welt im Ganzen oder doch nur im Sinne einer unendlichen Annäherung an dieses Erkenntnisziel. Im Begriff der Aufgabe nimmt Kant erkenntnislogisch auf, was er als «Gefühl des Bedürfnisses» psychologisch beschrieben hatte. Mit dem metaphysischen Bedürfnis schreibt sich die transzendierende Vernunft um ihrer Selbsterhaltung willen ein unvernünftiges Moment zu, das als «Aufgabe» nun wieder rational angehbar scheint. Von einer Befriedigung des Bedürfnisses kann dabei keine Rede sein; es treibt sein unruhiges Spiel unter dem Namen der «Aufgabe» im Prozess unendlicher Annäherung an das Ding-an-sich weiter. Doch mit dem Gedanken der Aufgabe tritt ein neues Moment auf: ein *Sollen*. Zunächst drängt sich die Deutung auf, hier werde das kognitive Bedürfnis nach Metaphysik am Ende moralisch gebändigt. Das ist keine falsche Deutung, sie lässt sich allerdings auf zweierlei Weise lesen. Die Bändigung kann sich einerseits schon im vernunft*theoretischen* Diskurs vollziehen, sie

---

23 *Prolegomena*, Akad.-Ausg. Bd. IV, S. 354.

könnte andererseits auch einer Verwandlung des Bedürfnisses in ein *moralisch-praktisches Vernunftinteresse* vorbehalten sein.

Statt von der Aufgabe redet Kant auch vom *Problem*.[24] Das wird für das Selbstverständnis der *theoretischen* Vernunft relevant, wo es um die von Kant so genannten *Ideen* (Vernunftbegriffe) von Seele/ Unsterblichkeit, Welt/Freiheit und Gott geht, in denen sich die Antworten auf die große Sinnfrage artikulieren. Traditionell werden diese Begriffe eines Unbedingten bzw. Absoluten in den metaphysischen Wissenschaften der rationalen Psychologie, Kosmologie und Theologie systematisch behandelt. Weil sich aber in unserer Erfahrung kein Gegenstand finden lässt, welcher diesen Begriffen adäquat wäre, sind sie auch nur Ideen. Genau darauf bezieht sich ihre Charakterisierung als Probleme.

> So würde man sagen können: das absolute Ganze aller Erscheinungen ist nur *eine Idee*, denn, da wir dergleichen niemals im Bilde entwerfen können, so bleibt es ein *Problem* ohne alle Auflösung.[25]

Es entbehrt aller Selbstverständlichkeit, dass wir mit unseren vernünftigen Gedanken (Ideen) etwas *erkennen* und diese damit vom Anschein des Fiktiven befreien können. Wo dieses «Problem» weiter verfolgt wird, erweist es sich als unlösbar. Aus der Fragestellung wird die Infragestellung der Vernunft. Damit geht eine Problematisierung der Vernunft in einem ersten, einem *negativen* Sinn einher. Sie führt zu eben jener Setzung eines gefühlten Bedürfnisses der Vernunft.

Im Allgemeinen werden Probleme, die unlösbar sind, verworfen, d.h. für sinnlos erklärt; Kant aber insistiert auf ihnen: Sie sind «durch die Natur der Vernunft selbst aufgegeben»,[26] nicht abzuschütteln. Sie zeigen sich als ein Problem der Vernunft selbst. Vernunft hält im selbstkritischen Prozess durch, indem sie sich dieses ihr ureigenste Problem zur «Aufgabe» macht. Es geht dabei nicht mehr um das «Geben» eines Gegenstandes der Ideen; diese Sinn-

---

24 Vgl. zum Folgenden Helmut Holzhey: *Die Vernunft des Problems. Eine begriffsgeschichtliche Annäherung an das Problem der Vernunft*, in: *Mathesis rationis*. Festschrift für Heinrich Schepers, Münster 1990, S. 27–45.
25 KrV B 384.
26 A VII.

Sicherung vernünftigen Denkens in etwas außerhalb seiner selbst hat sich als unmöglich erwiesen. Vielmehr handelt es sich nun um die Problematisierung der Vernunft in einem zweiten, positiven Sinn. Die metaphysischen Ideen werden zu Problemen in der Bedeutung von Aufgaben. So nimmt die Frage nach dem Gegebensein des Unbedingten den Status einer Aufgabe an: Das Unbedingte als die Totalität der Reihe der Bedingungen ist aufgegeben.

> Da durch den kosmologischen Grundsatz der Totalität kein Maximum der Reihe von Bedingungen in einer Sinnenwelt, als einem Dinge an sich selbst, *gegeben* wird, sondern bloß im Regressus derselben *aufgegeben* werden kann, so behält der gedachte Grundsatz [...] annoch seine gute Gültigkeit, zwar nicht als *Axiom*, die Totalität im Objekt als wirklich zu denken, sondern als ein *Problem* für den Verstand, also für das Subjekt, um, der Vollständigkeit in der Idee gemäß, den Regressus in der Reihe der Bedingungen zu einem gegebenen Bedingten anzustellen und fortzusetzen.[27]

Musste das Problem in seiner ursprünglichen Bedeutung – als Aufgabe, den Vernunftideen Erkennbarkeit zu sichern – für unauflösbar gelten, so geht es nun in die Aufgabe, besser: in das Aufgegebene als solches über. Statt vom Problem zu seiner Lösung wegzukommen, nähert sich vernünftiges Denken seiner eigenen problematischen Natur. Das gilt auch und gerade vom Problem der systematischen Verfassung der Vernunft. Die mit dieser gesuchte systematische Einheit unserer Erkenntnisse ist «an sich nicht als gegeben, sondern nur als Problem» anzusehen. Die Verpflichtung auf Einheit ist *regulatives* Prinzip für den Fortgang der Erkenntnis.[28]

Metaphysisches Bedürfnis und praktisches Vernunftinteresse

Vollzieht sich die philosophische Befriedigung des metaphysischen Bedürfnisses nach transzendenter Erkenntnis gemäß der *theoretischen* Philosophie Kants nur in der Selbstproblematisierung der Vernunft, so zeitigt sie in seiner *Moralphilosophie* ein ungleich positiveres,

---

27 B 536.
28 B 675f.

wenn auch höchst fragwürdiges Resultat. Es ergibt sich aus der Überführung des Bedürfnisses in das praktische *Interesse* der Vernunft. Wie geht das vor sich?

Ausgangspunkt ist das Bedürfnis, etwa «über die ersten Ursachen alles Zufälligen» zu urteilen. Dazu müssen wir die Annahme machen, dass Gott existiert. Doch nichts zwingt uns im theoretischen Gebrauch unserer Vernunft dazu. Anders dagegen in ihrem *praktischen*, d.h. auf menschliches Handeln bezogenen Gebrauch. In dessen Zusammenhang ist Kant der Auffassung, dass «das Bedürfnis der Vernunft [...] unbedingt» zu befriedigen ist, weil wir dem eigentlichen Zielbegriff moralischen Handelns, dem «höchsten Gut», objektiv Erreichbarkeit zumessen *müssen*, um zu verhindern, dass die «ganze Sittlichkeit [...] für ein bloßes Ideal gehalten» wird.[29] Das so eingeschätzte Bedürfnis kann nicht mehr bloß gefühltes Bedürfnis sein, sondern erhält den Status eines praktischen *Interesses* der Vernunft.

Bedürfnisse und Interessen haben nicht die gleiche Struktur. Während sich in jenen die Abhängigkeit unseres Begehrungsvermögens von Empfindungen bekundet, kommt im Interesse ein vernunftbestimmter Wille zum Tragen.[30] Auch das als Interesse waltende Begehren ist mit einem Gefühl, mit Lust, verbunden, doch folgt die Lust dem Vernunftinteresse nach, geht nicht, wie beim «Interesse der Neigung», diesem voraus[31] ('du machst mich an'). Das praktische Vernunftinteresse bringt das metaphysische Bedürfnis, «d.h. das Hinausdrängen der Vernunft über das Erfahrbare»,[32] für Kant zur einzigen uns Menschen möglichen Erfüllung. Dabei wird das nunmehr auch *ethisch* anerkannte Bedürfnis nach metaphysischen Einsichten zum Einfallstor metaphysischer Überzeugungen in Gestalt von *Postulaten* der Existenz Gottes und der Unsterblichkeit der Seele. Die Begründung für die Zulässigkeit dieser Befriedigung des

---

29 Akad.-Ausg. Bd. VIII, S. 139. Vgl. zu dieser Argumentation, auf die ich hier nicht näher eingehen kann, u.a. schon KrV A 806ff. (bes. A 811) und die Vorrede zur *Kritik der praktischen Vernunft*, Akad.-Ausg. Bd. V, S. 3ff.
30 *Grundlegung zur Metaphysik der Sitten*, Akad.-Ausg. Bd. IV, S. 413 Anm. Kant unterscheidet allerdings das praktische Interesse an der Handlung vom pathologischen Interesse am Gegenstand der Handlung.
31 *Metaphysik der Sitten*, Akad.-Ausg. Bd. VI, S. 212f.
32 R. Malter, a.a.O. (Anm. 7), S. 173.

Bedürfnisses besteht darin, dass es im Interesse der praktischen Vernunft liege, die prinzipielle Verknüpfung zwischen einem tugendhaften und deshalb des Glückes würdigen Leben und seiner tatsächlichen Glückseligkeit zu sichern. Da das für das irdische Leben nicht zu leisten ist, bedarf es des Ausblicks auf ein jenseitiges Leben, in dem Gott jene Verknüpfung garantiert. Das praktische Vernunftinteresse artikuliert sich nach Kant in einem *Vernunftglauben* an Gott und die Unsterblichkeit der Seele. Dieser ist das Orientierungsmittel vernünftigen Denkens zwischen demonstrativer Gewissheit und Eingebung. Ich beantworte mit ihm die Frage, was ich hoffen darf, «wenn ich mich [...] so verhalte, dass ich der Glückseligkeit nicht unwürdig sei».[33]

In Marquards Analyse der «Unverfügbarkeit der Folgen» menschlichen Handelns in der modernen Welt des Machens taucht der Vernunftglaube Kants an einer interessanten Stelle wieder auf. Dem «kontrafaktisch absoluten Machen» fehlt «faktisch die Allmacht», sodass es bewirkt, «was es nicht will» – seine Folgen werden unverfügbar.

> Je mehr die Menschen die Wirklichkeit selber machen, umso mehr erklären sie sie schließlich – enttäuscht – zu der, für die sie nichts können und die ihnen nur noch angetan wird.[34]

Die Defatalisierung der Welt wird von ihrer Refatalisierung begleitet, sodass das Bedürfnis nach «Zusatzgaranten» eines guten Laufs der Dinge entsteht. Diese werden postuliert: zunächst Gott, dann die Natur, der Weltgeist usw. «Man muss das glauben, sonst muss man dran glauben. Sie sollen fatalen Machensfolgen als Gegenfatum begegnen.» Mittelbar macht sich also, folgt man Marquards Analyse, auch in den Postulaten der praktischen Vernunft bei Kant das Schicksal der menschlichen Vernunft (vgl. oben Kap. II) bemerkbar.

Das metaphysische Bedürfnis wird durch das praktische Vernunftinteresse und das heißt: «nicht in den fernen Welten leerer Begriffe und eingebildeter Wesen, sondern *in diesem Leben*» befrie-

---

33 KrV A 809/B 837. Vgl. auch unten Kap. VIII.
34 Odo Marquard: «Ende des Schicksals?» In: O. M.: *Abschied vom Prinzipiellen*, Stuttgart 1981, S. 83.

digt; in diesem Leben – so fügt Malter hinzu – , «das in seiner Totalität aber nur begreifbar ist, wenn es selbst schon nicht mehr das Ganze ist».[35] Dass es Kant damit ernst war, ist nicht nur seiner berühmten Erklärung zu entnehmen: «Ich musste [...] das *Wissen* aufheben, um zum *Glauben* Platz zu bekommen.»[36] Schon der kritische Furor, mit dem die Artikulation des metaphysischen Bedürfnisses in der dogmatischen Metaphysik als «Blendwerk» und Betrug hingestellt wird,[37] zeigt diesen Ernst. Denn der Ausdruck «Blendwerk» gehört zur Sprache der Teufelsaustreibung; und es sind, wohlgemerkt, angebliche Einblicke in die übersinnliche Welt, in die angelische Welt,[38] die als Blendwerk des Teufels aufgedeckt werden.

Zuletzt lässt sich Kant, man kann es nicht anders sagen, vom metaphysischen Bedürfnis fortreißen. Dessen Zähmung überzeugt gerade dort nicht, wo es am besten aufgehoben schien, nämlich dort, wo das praktische Vernunftinteresse das Denken für eine Metaphysik der menschlichen Praxis öffnet. Soll Philosophie nicht bei einem schwachen Vernunftglauben, einem kognitiven, bloß subjektiven Für-wahr-Halten ankommen, sondern sich eine metaphysische Option zwischen Emphase und Resignation offen halten, sind im Anschluss an Erfahrungen – wie immer das konkret wird – andere Denkwege zu suchen.

---

35 R. Malter, a.a.O., S. 208f.
36 KrV B XXX.
37 A 295/B 352 und B XV.
38 Vgl. Akad.-Ausg. Bd. VIII, S. 137.

IV Kritik der Vernunft und Selbstzerstörung

Offen steht der Weg aus dem Leben. Wenn ihr nicht kämpfen wollt, könnt ihr fliehen. Deswegen habe ich von allen Dingen, die ich als euch unentbehrlich ansah, nichts leichter gemacht als zu sterben. [...] Achtet nur darauf und ihr werdet sehen, welch kurzer und bequemer Weg zur Freiheit führt.

So spricht der Gott – in Senecas Schrift *Über die Vorsehung*.[1] Was der stoische Philosoph des 1. Jahrhunderts äußert, trifft unser heutiges Suizid-Problem allem Anschein nach nicht. Man kann auf der Folie dieses Textes allerdings Erwägungen darüber anstellen, was denn für das moderne Problem der Selbstzerstörung und Selbsttötung spezifisch ist. Seneca hebt einerseits darauf ab, dass der Freitod seine Ursache in einer Bedrängnis hat, der man entweder mit Kampf oder mit Flucht begegnen kann. Andererseits betont er die Leichtigkeit der Flucht in den Suizid. Offensichtlich hat er aber nur den Fall der raschen Selbsttötung vor Augen und nicht die willentlich oder unwillentlich vollzogene Selbstzerstörung etwa mittels Drogen oder anderer Genussmittel. Wer dächte oder sagte jedoch beim Anblick von Jugendlichen, die sich Heroin spritzen: 'Wenn ihr nicht kämpfen wollt, könnt ihr fliehen'? Man empfindet nur Entsetzen und Ohnmacht. Wir haben nicht die Freiheit, die Freiheit zur Selbstzerstörung zuzugestehen, erst recht nicht dem unmittelbar Suizidgefährdeten (wie wir sagen) und Suizidanten. Warum nicht? Seneca charakterisiert die Flucht aus dem Leben als «Weg zur Freiheit»; für uns ist sie bestenfalls Weg in ein anderes Leben, von dem wir nichts wissen, christlich gesehen eine Todsünde, für Atheisten der Weg ins Nichts, reine Annihilation. Bei Seneca erscheint der suizidale Ausweg als Bestandteil der göttlichen Fürsorge: Der Mensch ist Schicksalsschlägen nicht einfach ausgeliefert, er kann scheiden. Für uns verbürgt Vernunft – wenn sie anstelle des Gottes spricht – das nicht.

---

[1] De providentia VI,7; zitiert nach: L. Annaeus Seneca: *Philosophische Schriften*, lateinisch und deutsch, Bd. I, hg. von M. Rosenbach, Darmstadt 1969.

Vernunft und Selbsttötung

Philosophische Überlegungen zum Suizid gelten überwiegend seiner *ethischen* Beurteilung. Ist es gerechtfertigt, eventuell angezeigt, Hand an sich zu legen; in welchen Fällen ist es das? Diese Überlegung mag zwar auch derjenige anstellen, der sich ernstlich damit beschäftigt, ob er sich umbringen soll; häufiger widmen sich ihr einerseits Freunde, Verwandte, der Arzt oder andere, die direkten Umgang mit dem betreffenden Menschen haben und Stellung nehmen müssen, und andererseits jene, die insbesondere nach der Tat oder ganz generell Anlass haben, sich ein Urteil zu bilden. Besteht kein persönlicher oder beruflicher Anlass, stellt sich die Frage, in welcher Form, auch in welcher Redeweise, sich die thematischen Phänomene angemessen behandeln lassen. Für beispielhaft erachte ich Wilhelm Kamlahs *Meditatio mortis*, weil diese Schrift in und mit der Verknüpfung von abstrakter Reflexion und persönlichstem Entschluss aufscheinen lässt, was philosophisches Reden über den Suizid erfordert. Der Autor denkt über den Entschluss nach, sich das Leben zu nehmen, ohne von sich privatim zu sprechen; er tut das im Medium argumentativer Auseinandersetzung mit gängigen Beurteilungen der Selbsttötung.[2]

Also, die Selbsttötung fordert das ethische Urteil heraus. Sie tut das insbesondere dann, wenn ein klares moralisches Urteil – das vielleicht nur implizit das Verhalten einer Gruppe zum Selbstmörder bestimmt – nicht mehr von vornherein gegeben ist. Auf den moralischen Charakter des Urteils verweist ein Wort wie «Selbstmord», durch das die Handlung der Selbsttötung mit der Ermordung eines anderen Menschen in Beziehung gesetzt wird. Auch die Rede vom «Freitod» impliziert eine moralische Lektion: nämlich anstatt einer Verurteilung die Anerkennung suizidalen Handelns. Die Überprüfung solcher bereits in der Wortwahl liegenden Urteile eruiert die Maßstäbe, mit denen die Selbsttötung moralisch gemessen wird, die Kriterien des guten, richtigen, wahren Lebens. Die Vergewisserung solcher Kriterien ist Sache der Ethik, ebenso ihre Anwendung auf spezifische Fälle, die Kasuistik. Die ethische Reflexion bringt Ver-

---

2 W. Kamlah: *Meditatio mortis. Kann man den Tod 'verstehen', und gibt es ein 'Recht auf den eigenen Tod'?*, Stuttgart 1976.

nunft ins Spiel. Als vernünftig versteht sich nicht nur die Methode, mit der Beurteilungskriterien menschlichen Handelns auf- und ausgewiesen werden; auch das Resultat der ethischen Reflexion, das Kriterium «guten Lebens» gilt für vernünftig. Wo solche Vernünftigkeit fraglos ist, kommt es zu einer klaren ethischen Beurteilung des Suizids: Es ist vernünftig, sich nicht das Leben zu nehmen / Es ist vernünftig, sich in bestimmten Fällen das Leben zu nehmen.

Senecas Diktum kann als Hinweis auf die zweite Position dienen, Kants Stellungnahme zur «Selbstentleibung» soll als Beispiel der ersteren kurz zur Sprache kommen. Abgesehen von der Übertretung von Pflichten, die man anderen Menschen gegenüber hat, beinhaltet nach Kant[3] die Selbsttötung die Verletzung einer Pflicht, die man sich selbst gegenüber als moralische Person hat. Der Selbstmörder entzieht sich nämlich «aller Verbindlichkeit», stellt sich also aus dem Zusammenhang der Moralität heraus, denn in diesem Zusammenhang, innerhalb der moralischen Verpflichtetheit, kann es keine Befugnis geben, «sich aller Verbindlichkeit zu entziehen». Kurz, Kant begründet seine Stellungnahme gegen den Suizid mit dem Widerspruch, in den die Moral als das System der vernünftigen Willensbestimmung geriete, wenn sie jene Befugnis kennen würde. Die Kriminalisierung der Selbstentleibung als Selbstmord ist ein Akt der Absicherung gegen den Fall in den Widerspruch und damit ein Akt der Selbsterhaltung der (moralischen) Vernunft.

Von einer solchen Beurteilungsfähigkeit sind wir heute weit entfernt. Zwar wird der Suizidant nicht mehr als Selbstmörder qualifiziert und als Toter aus der Schattengesellschaft des Kirchhofs ausgeschlossen; er wird nicht mehr oder kaum noch moralisch verurteilt. Das aber nicht, weil wir nun etwa über ein Kriterium verfügen würden, das den Suizid mindestens in gewissen Fällen als erlaubt, ja geboten ausweise. Im Gegenteil. Jeder der auch nur theoretisch-wissenschaftlich mit dem Problem zu tun hat, ist vom Schrecken über das Anwachsen der Suizidrate bestimmt und geht von einem Wert des Lebens aus, gemäß dem suizidales Handeln fast immer als unbedingt zu verhindern eingestuft wird. Gegebenenfalls wird demjenigen, der Hand an sich legt, eine sogenannte letzte

---

3 *Die Metaphysik der Sitten*. 2.Teil. *Metaphysische Anfangsgründe der Tugendlehre*, 1797, § 6.

Entscheidungsfreiheit zugebilligt, insbesondere im Fall einer unheilbaren Krankheit. Umgekehrt gibt es auch kein allgemeines moralisches Verbot der Selbsttötung, das gut begründet wäre. Unsere Einstellung zum Suizid ist diffus. Das könnte anders sein, wenn wir uns von Vernunft leiten ließen. Ich unterscheide Vernunft von Verstand. Unter der ersteren verstehe ich eine Form von Rationalität, die letzte Gründe von Sein und Erkenntnis zum Gegenstand hat sowie die Zweckbestimmung menschlichen Seins und Handelns. Verstandesrationalität kommt demgegenüber dort zum Zug, wo die Erkenntnis der realen Welt im Ausgang von geeigneten Festsetzungen so weit vorangetrieben wird, dass sie praktisch zu verwerten ist, bzw. für menschliches Handeln die besten Strategien zur Erreichung vorgegebener Ziele erarbeitet werden. Vernunft hat eine metaphysische Dimension. Und genau in dieser Dimension hinsichtlich der sogenannten letzten Fragen – nach dem Sinn des Lebens, der Bedeutung des Todes, nach der Freiheit der Person, nach Gott – trauen wir der Vernunft keine verbindlichen Antworten mehr zu. Die hier waltende Skepsis verträgt sich im Übrigen mit dem Rationalismus der wissenschaftlich-technischen Weltbewältigung gar nicht schlecht: Gefordert ist nur, sauber zu unterscheiden zwischen dem, was Sache des Glaubens, des Gefühls u.ä. ist, und dem, was rational – nämlich verstandesmäßig – zugänglich gemacht werden kann.

Unter den gesellschaftlichen Phänomenen, die auf den Verlust der metaphysischen Dimension hinweisen, steht heute in unserem Zusammenhang die Diskussion der Sterbehilfe, insbesondere bei alten Menschen, im Vordergrund. Bezeichnenderweise orientiert sich auch Kamlahs Plädoyer für das Recht auf den eigenen Tod an der Situation des alten Menschen, der nach einem erfüllten Leben, auch ohne an einer schweren Krankheit zu leiden, durch Altersgebrechen und «Entzugswiderfahrnisse» keinen Sinn mehr in seinem bloßen Weiterleben erkennen kann.[4] Während in solchen Fällen vor allem der mögliche Missbrauch einer liberalen Praxis zu öffentlicher Besorgnis Anlass gibt, ist es doch bei jüngeren Menschen die letzte Unverständlichkeit der Selbstzerstörung und des Suizids, die Angehörige und Freunde oft so hilflos werden lässt. Das Defizit an

---

4 Kamlah, a.a.O., S. 22.

Sinn, das hierbei zu schaffen macht, schließt nicht generell Verstehensmöglichkeiten in beispielsweise psychologischer oder soziologischer Perpektive aus. Wenn ich von einer «letzten Unverständlichkeit» spreche, dann meine ich damit, dass sich Selbstzerstörung und Suizid weder von außen oder «objektiv» betrachtet noch wohl auch in der subjektiven Sicht der «Betroffenen» irgendein mittels Vernunft (in der engeren, „metaphysischen" Bedeutung des Wortes) ausweisbarer Sinn abgewinnen lässt. Als Beispiel subjektiver «Unvernunft» kann man den Zustand der schweren Liebesenttäuschung anführen, der – mit dem Gefühl radikaler Sinnlosigkeit verbunden – häufig genug in den Suizid geführt hat. Das Erlebnis radikaler Sinnlosigkeit bildet nun freilich den Widerschein von Vernünftigkeit, sprich Durchsichtigkeit und Sinnhaftigkeit, die der selbstzerstörerisch Handelnde im eigenen Leben nicht mehr aufzuspüren vermag; das Erlebnis stellt sich als Ergebnis gegenläufiger Erfahrungen ein: Das große Vernunftbedürfnis nach Sinnvergewisserung erfüllt sich nicht und bleibt doch existenzbestimmend. Man möchte von einem kritischen Erlebnis sprechen, muss aber sofort hinzufügen, dass mit ihm Kritik gerade nicht vollzogen, ausdrücklich gemacht, durchgeführt wird.

Es soll hier nicht die Rede davon sein, wie der Krise des «kritischen» Erlebnisses radikaler Sinnlosigkeit mitmenschlich, psychologisch oder medizinisch beizukommen sein könnte. Vielmehr geht es um eine vernunfttheoretische Annäherung. Auch diese muss kritisch erfolgen – kritisch gegen die Unvernunft der Selbstzerstörung, aber auch kritisch gegenüber der Unterwerfung unter das metaphysische Bedürfnis nach einer heilen Welt. Angriffspunkt der Kritik sind die radikalen, die zu radikalen Ansprüche und Maßstäbe, unter die ein «gutes Leben» gerückt wird. Solche Kritik der Unvernunft, die als Bestandteil vernünftiger Selbstkritik ausgelegt werden soll, ist nicht zu verwechseln mit der Integration des Selbstzerstörung praktizierenden Menschen in die soziale Normalität. Denn selbst wenn diese – gewiss erfreulicherweise – gelingt, schafft sie nicht schon die Unvernunft aus der Welt, die im 'Schuss' oder im Suizid zelebriert wird bzw. zelebriert werden sollte. Lässt sich jene Infragestellung absoluter Ansprüche aber überhaupt als ein Prozess auffassen, durch den etwas mehr Vernunft in die Welt gebracht würde?

Das «exzentrische» Selbstverhältnis des Menschen

Selbstzerstörung und Suizid sind nicht erst Erscheinungen von heute. Sie traten seit jeher immer wieder auf und wurden dabei auf unterschiedliche Weise in soziale Regulationen eingebunden. Für Helmuth Plessner charakterisiert es den Menschen, anthropologisch betrachtet, dass er in Beziehung zu seiner eigenen Mitte steht und damit zugleich aus ihr herausgesetzt ist. Der tierische Organismus ist demgegenüber auf diese seine Mitte, anatomisch-physiologisch das Gehirn, bezogen, ohne dass dem Tier sein Zentrum erlebnismäßig gegeben wäre. «Der Mensch als das lebendige Ding, das in die Mitte seiner Existenz gestellt ist, weiß diese Mitte, erlebt sie und ist darum über sie hinaus.»[5] Mit der Erreichung dieser «Position» wird das Leben zu einer Aufgabe: Wie soll ich leben? Was soll ich tun? usw. Plessner konstatiert eine anthropologische Antinomie: der Mensch müsse sich zu dem erst machen, was er schon ist, das Leben führen, welches er lebt. Dieses «exzentrische» Selbstverhältnis ruft nach einer kompensatorischen Gestaltung des Lebens, also nach Kultur; es bildet die Basis dafür, dass das individuelle wie das Leben der Gattung gewonnen werden muss. Es kann auch verloren werden. Eine natürliche Stabilisierung fehlt weitgehend. Am Grunde der fundamentalen Selbstbeziehung findet sich die Erfahrung der eigenen Nichtigkeit. Zugespitzt formuliert, nämlich unter Vernachlässigung der den natürlichen Halt definierenden Gemeinsamkeiten zwischen dem Menschen und anderen, tierischen Lebewesen: «Als exzentrisches Wesen nicht im Gleichgewicht, ortlos, zeitlos im Nichts stehend, konstitutiv heimatlos, muss er 'etwas werden' und sich das Gleichgewicht – schaffen.»[6] Plessner macht es nicht eigens namhaft, dass in der prekären Selbstbeziehung auch die Fähigkeit zur Selbstzerstörung fundiert ist. Die Paradiesidee, sagt er allerdings, vertrete «das, was dem Menschen fehlt und [...] das Wissen darum, kraft dessen er über dem Tier steht».[7] Die Erinnerung ans Paradies artikuliert das metaphysische Bedürfnis nach einer himmlischen Welt, die wir verloren haben und doch im-

---

5 H. Plessner: *Die Stufen des Organischen und der Mensch. Einleitung in die philosophische Anthropologie.* Ges. Schriften, Bd. IV, Frankfurt/M. 1981, S. 364.
6 S. 385.
7 S. 383.

mer zurück zu gewinnen veranlasst sind. In dieser Spannung liegt die Möglichkeit ebenso konstruktiven wie destruktiven Verhaltens beschlossen.

Kant bringt die eben anthropologisch beschriebene Situation des Menschen zwischen Selbsterhaltung und Selbstzerstörung *vernunfttheoretisch* zur Sprache. Eine Verbindung zu diesem Ansatz liefert seine Schrift *Mutmaßlicher Anfang der Menschengeschichte* (1786). Hier heißt es, dass der Erfolg beim ersten Versuch, «sich seiner Vernunft als eines Vermögens bewusst zu werden, das sich über die Schranken, worin alle Tiere gehalten werden, erweitern kann», für die weitere Lebensweise des Menschen entscheidend wurde. Aber dem Erfolgserlebnis, fährt Kant fort, «musste doch sofort Angst und Bangigkeit folgen»: Angst und Bangigkeit nämlich darob, wie mit diesem Vermögen umzugehen sei. Der Mensch «stand gleichsam am Rande eines Abgrundes; denn aus einzelnen Gegenständen seiner Begierde, die ihm bisher der Instinkt angewiesen hatte, war ihm eine Unendlichkeit derselben eröffnet, in deren Wahl er sich noch gar nicht zu finden wusste».[8]

Von «Vernunft» ist hier als von einer Gestalt der Selbstbeziehung die Rede, vom Sich-Wissen. Das Sich-Wissen eröffnet eine Unendlichkeit, in der zugleich die Selbstgefährdung des Menschen beschlossen liegt. Zu deren Bewältigung bedarf es der Selbstkritik.

Die Selbstkritik der Vernunft

Ich will den Prozess dieser Selbstkritik der menschlichen Vernunft am exemplarischen Fall der kantischen Metaphysikkritik vorführen. Zunächst aber eine Vorfrage: Ist die Rede von der Selbstkritik der Vernunft nur eine verdichtete Formulierung des geläufigen Tatbestandes, dass Vernunfteinsichten an anderen gemessen und so beurteilt werden? Oder mehr bzw. anderes? Kant selbst spricht vom «beschwerlichste(n) aller [...] Geschäfte» der Vernunft, der *Selbsterkenntnis*, das in der Kritik der transzendierenden Vernunft zu übernehmen sei,[9] in anderer Formulierung von der «Kritik [...] des

---

8 Akad.-Ausg. Bd. VIII, S. 111f.
9 KrV A XI.

Vernunftvermögens überhaupt».[10] Wie ist es zu verstehen, dass die Selbsterkenntnis der Vernunft den Charakter von Kritik und diese umgekehrt die Form des eigensten Vernunftgebrauchs annimmt? In der Selbstkritik der Vernunft geht es um die Beurteilung der Möglichkeit oder Unmöglichkeit vernünftiger Erkenntnis, d.h.: Vernunft ist Subjekt wie Objekt dieser Arbeit. Rein auf Vernunft gestützte oder metaphysische Erkenntnis zielt auf das, was «die Welt im Innersten zusammenhält», letztlich auf Gott als den Urgrund von allem. Kritik wird fällig angesichts der fundamentalen Strittigkeit metaphysischer Erkenntnisansprüche. Die Strittigkeit ist nicht bloß Ausdruck eines Kampfes der Weltanschauungen. Die von Kant gemeinte und in Gang gebrachte Kritik der Vernunft folgt vielmehr einer Erfahrung im Inneren des Vernunftgebrauchs, nämlich der Erfahrung des Widerstreits der Vernunft mit sich selbst. Auf diese Erfahrung nimmt eine vielzitierte Aufzeichnung Kants Bezug: «Ich versuchte es gantz ernstlich, Satze zu beweisen und ihr Gegentheil, nicht um eine Zweifellehre zu errichten, sondern weil ich eine illusion des Verstandes vermuthete, zu entdecken, worin sie stäke [...].»[11] Das Gedankenexperiment gelingt. Kant führt in der *Kritik der reinen Vernunft* vor, dass kosmologische – metaphysisch die Welt im Ganzen betreffende – Sätze und ihr kontradiktorisches Gegenteil beweisbar sind, beispielsweise der Satz «Die Welt hat einen Anfang in der Zeit, und ist dem Raum nach auch in Grenzen eingeschlossen» wie der dazu kontradiktorische Satz «Die Welt hat keinen Anfang, und keine Grenzen im Raume, sondern ist, sowohl in Ansehung der Zeit, als des Raums, unendlich».[12] Das Streben nach Erkenntnis rein aus Vernunft endet bei einem Widerspruch. Kant macht nun diese negative Erfahrung auf der ganzen Breite der tradierten Metaphysik geltend. Ganz schulmäßig werden wir auf den Fehlschluss hingewiesen, den wir uns beim Nachweis unserer Unsterblichkeit erlaubten, dann auf die Widersprüchlichkeit, die unsere Vernunft bei der Beantwortung kosmologischer Fragen heimsucht, schließlich auf die Unhaltbarkeit der Gottesbeweise. Denken, das sich anheischig macht, Erkenntnis auf ihren letzten unbedingten

---

10 A XII, vgl. B 27.
11 Refl. 5037, Akad.-Ausg Bd. XVIII, S. 69. Vgl. oben S. 48.
12 KrV A 426ff. / B 454ff.

Grund zurückzuführen, wird destruiert. Der bloße Vernunftgebrauch bei der Lösung letzter Fragen, der Fragen nach «Gott, Freiheit und Unsterblichkeit» gelangt nicht zu Antworten, sondern gerät in Widersprüche und Fehlschlüsse oder vor die Wahl zwischen Zirkularität, unendlichem Regress oder willkürlichem Abbruch des Argumentationsverfahrens. Gerade in ihrer ausgreifendsten Erkenntnisbemühung zerstört sich Vernunft selbst. Metaphysik ist die exemplarische Form der Selbstzerstörung der Vernunft. In *diesem* Ergebnis ist die Kritik der Vernunft negativ-destruktiv.

Der kritische Gebrauch der Vernunft hat nun bei Kant zugleich die andere, positive Seite, die *Selbsterhaltung* der Vernunft zu realisieren. Dieses Verhältnis von Selbstzerstörung und Selbsterhaltung in der Selbstkritik der Vernunft ist in vielfacher Weise deutbar und natürlich auch missdeutbar. Die Vernunft überführt sich als Kritik ihrer eigenen Destruktivität. Die Unstimmigkeit, der Widerspruch, die Zirkularität usw. – sie werden bemerkt. Für dieses Bemerken ist beispielsweise das Nichtwiderspruchsprinzip leitend. Der Widerspruch wird in der Kritik aus vernünftigem Denken ausgemerzt, nicht – wie bei Hegel – als «Erfahrung» von ihm selbst in es selbst aufgenommen. Die Kritik, der das Denken des Unbedingten bei Kant verfällt, ist nicht total. Vom metaphysischen Gebrauch der Vernunft scheidet sich ihr kritischer Gebrauch ab. Letzterer oder die Kritik der Vernunft nach ihrer konstruktiven Seite besteht darin, die Zulänglichkeit unseres menschlichen Denkens für die Lösung der sich uns als Vernunftwesen zunächst freischwebend stellenden Probleme zu prüfen und die Grenzen unserer Einsichtsfähigkeit abzustecken. Diese Prüfung und Beurteilung macht aus, was Kant selbst «Selbsterhaltung der Vernunft» nennt.[13] Diese positive Kritik verlangt wie jede kritische Beurteilung einen Maßstab. Er ist seinerseits nur im Gebrauch kritischer Vernunft zu gewinnen, die Kritik trifft «alle Entscheidungen aus den Grundregeln ihrer eigenen Einsetzung».[14] Man könnte diese Einsetzung als Erfahrung der Endlichkeit charakterisieren, die sich in Gestalt von «Angst und Bangigkeit» angesichts der im Selbst-Bewusstsein des Vernunftwesens entdeckten Unendlichkeit einstellt. Die Kritik *beschränkt*

---

13 *Was heißt: Sich im Denken orientieren*, Akad.-Ausg. Bd. VIII, S. 147 (Anm.).
14 KrV A 751 / B 779.

denn auch unser vernünftiges Weltwissen auf *Verstandes*erkenntnis, die auf Erfahrung beruht, Erfahrung im lebensweltlichen Zusammenhang oder Erfahrung als empirischer Wissenschaft.

Für die Frage, wie sich Vernunft in der Kritik aus ihrer Selbstdestruktivität zurückholt, ist der Hinweis auf die von Kant wiederholt gebrauchte Prozess- und Gerichtsmetaphorik aufschlussreich.[15] Das Bild knüpft an die Erfahrung der Unstimmigkeit und des Widerspruchs an. Die Streitparteien stehen vor Gericht. Die Kritik findet als Prozess statt. Dieser Umstand ist entscheidend. Die Parteien sind damit einer übergeordneten Instanz unterworfen, dass ihr Streit *rechtlich* entschieden werden soll. In der Anrufung des Richters liegt die Chance einer Beilegung des Streits. Das heisst für die «Kritik der Vernunft»: Mit dem Richterspruch kritisch urteilender Vernunft könnte der Krieg im polemischen Vernunftgebrauch, der auf den zweifelhaften, bloß rhetorischen Sieg einer Seite hinausläuft, durch den nur wiederum neue Streitigkeiten entstehen, dauerhaft beendet werden. Kritische Vernunft zeigt, dass die Parteien «um nichts streiten»,[16] indem sie eine ihnen gemeinsame falsche Voraussetzung aufdeckt, nämlich die Annahme, wir könnten unser metaphysisches Wissensbedürfnis in einer unzweifelhaften Erkenntnis stillen. Dem rechtlichen Verfahren in der Bildebene ist das kritische Verfahren in der Sachebene zugeordnet. In diesem erhält sich Vernunft bzw. restituiert sich aus ihren Verfallsformen.

Ich gehe in der Ausdeutung des Vergleichs noch weiter. Was legitimiert denn die kritisch beschränkende Vernunft zur Richterin in metaphysischen Streitsachen? Sie ist dadurch legitimiert, dass sie den philosophischen Parteienkrieg beenden, wichtiger noch: dass sie dem Prozess der Selbstzerstörung der Vernunft entgegenwirken kann, indem ihr «Spruch» den Widerstreit der Vernunft in ihr selbst beseitigt und generell das scheinerzeugende Potenzial der menschlichen Vernunft auflöst. Juristisch lässt der Vergleich an eine Art Schiedsgerichtsverfahren denken, in dem der destruktive Streit der Parteien durch Beschränkung ihrer Ansprüche zu einer konstruktiven Lösung gebracht wird.

---

15 KrV A XI; A 501 / B 529; A 751 / B 779.
16 KrV A 501 / B 529.

Nun klagt man oft über die Formalität rechtlicher Verfahren und fordert die ethische Legitimation des Rechts ein; darüber wird vergessen, welche fundamentale Bedeutung die Institutionalisierung rechtlicher Verfahren für die Ermöglichung eines friedlichschiedlichen Zusammenlebens von Menschen hat, welche Vernünftigkeit also das Recht als solches besitzt. Ebenso dürfte manchem die Fixierung des Denkens auf ein Verfahren nicht genügen, weil der Gebrauch von Vernunft doch mehr beinhalten muss, als selbstzerstörerische Erkenntnisansprüche zu beschränken.

Kant selbst scheint das Verlangen nach Wiedereinsetzung einer erkenntnismächtigen Vernunft in seiner Ethik eingelöst zu haben, indem er Moralität im Gedanken der Unterstellung des Willens unter ein allgemeines Gesetz der Vernunft begründete. Aber arbeitete er damit auch weiter der «Selbsterhaltung» der Vernunft zu, in deren Dienst er die Kritik gestellt hatte?[17] Dafür spricht, dass er für die ethisch restituierte Vernunft eine metaphysische Einsicht reklamiert, nämlich die Einsicht in die Freiheit als «Eigenschaft des Willens, sich selbst ein Gesetz zu sein».[18]

Kants Beurteilung des physischen Suizids fußt auf diesem Prinzip der Moralität. Das Problem der Selbstzerstörung wird aber von ihm nicht bloß ethisch angegangen, und schon gar nicht nur als Problem ethischer Kasuistik, sondern letztlich im Prozess der Vernunftkritik zum Austrag gebracht. Alles Gewicht liegt dabei auf der Selbstbeschränkung der Vernunft. Ich lese deshalb Kants moralphilosophischen Text seinerseits kritisch. Dann ist festzustellen, dass auch in Kants praktischer Philosophie Freiheit bloß vorausgesetzt, nicht aber in ihrer Möglichkeit begriffen werden kann. Daraus lassen sich zwei alternative Folgerungen ableiten: Man hält an der notwendigen Voraussetzung der Willensfreiheit (als Basis der kantisch verstandenen Autonomie) fest und muss diese dann als

---

17 Manfred Sommer: Die Selbsterhaltung der Vernunft, Stuttgart-Bad Canstatt 1977, S. 12 u.a. Meine folgenden Überlegungen sind dieser Studie in vieler Hinsicht verpflichtet, auch wo sie andere Wege gehen.
18 I. Kant: Grundlegung zur Metaphysik der Sitten (1785), Akad.-Ausg. Bd. IV, S. 447.

«Selbstillusionierung der Vernunft»[19] diskreditieren, also die Selbsterhaltung auf eine Selbstillusionierung abstützen; oder man wendet das Verfahren kritischer Vernunft auf die metaphysische Selbstvergewisserung praktischer Vernunft in einem *schlechthin* Guten an und beschränkt so auch die von der *praktischen* Vernunft erhobenen Erkenntnisansprüche.

Kant selbst benennt zwei «Angeln», um die sich die seinen Publikationen entgegengebrachte literarische Kritik an seiner Bestimmung des Verhältnisses von theoretischer und praktischer Vernunft drehe. Zum einen ziele sie auf die «im theoretischen Erkenntnis geleugnete und im praktischen behauptete objektive Realität der auf Noumenen angewandten Kategorien», also auf einen Widerspruch zwischen der Selbstbeschränkung im Bereich der Metaphysik und der Selbstentbindung der Vernunft im Bereich der Ethik. Zum anderen richte sich jene Kritik auf die für die Ethik erhobene «paradoxe Forderung, sich als Subjekt der Freiheit zum Noumen, zugleich aber auch [...] zum Phänomen in seinem eigenen empirischen Bewusstsein zu machen»,[20] d.h. auf die Forderung, das Subjekt der Freiheit in zwei Welten anzusiedeln. Es sind diese zwei Einwände, die Kant in der Kritik der praktischen Vernunft aufzulösen suchen wird, um die Selbstbeschränkung der Vernunft angesichts ihrer Ausgriffe ins Metaphysische auch in der Ethik durchzuhalten.

Selbstbeschränkung als Selbsterhaltung

Die für die weitaus meisten Fälle von Selbstzerstörung und Suizid beklagte Unvernunft hatte ich eingangs mit Erfahrungen der Sinnlosigkeit des Lebens bzw. Weiterlebens in Zusammenhang gebracht. Diese Erfahrungen, lässt sich nun sagen, sind insofern konform mit dem Resultat der Selbstkritik der Vernunft, als auch diese zur Einsicht in die Unmöglichkeit geführt hat, der Welt im Ganzen und uns Menschen in ihr mittels vernünftiger Begründung einen umfassenden Sinn zuzuerkennen. Stützt also die Kritik der Ver-

---

19 Hans Ebeling: «Grundsätze der Selbstbestimmung und Grenzen der Selbsterhaltung», in: *Subjektivität und Selbsterhaltung*, hg. von H. Ebeling, Frankfurt 1976, S. 390ff.
20 *Kritik der praktischen Vernunft*, Akad.-Ausg. Bd. V, S. 6.

nunft den Suizid, ermutigt sie gar zu ihm? Das wäre ein fundamentales Missverständnis. Die selbstkritische Erfahrung, dass in der Welt oder im Leben kein vernünftiger Sinn erkennbar ist, lässt sich nur auf die negative Seite der Vernunftkritik beziehen, ja nicht einmal auf diese. Denn diese Kritik destruiert nicht nur die dogmatische (selbstgewisse) Behauptung, dass man Gottes, unserer Freiheit und der Unsterblichkeit der Seele versichert sein könne, sondern auch die dogmatische Opposition, dass man von Gottes Nichtexistenz, unserer vollständigen Kausaldeterminiertheit und der Zerstörung der menschlichen Person im Tod ausgehen dürfe, ja müsse. Das ist, für sich genommen, nun allerdings ein sehr schwaches Argument gegen jene Konvergenz von selbstzerstörerischer Einstellung und Vernunftkritik. Der «Glaube», dem die Kritik Platz einräumen wollte,[21] wurde gerade durch diese Kritik entscheidend geschwächt und seiner Motivationsquelle beraubt. Die entscheidende Differenz zur Unvernunft des Suizids sehe ich vielmehr darin, dass in der Vernunftkritik die destruktive und die konstruktive Seite aufs engste miteinander verbunden sind. Die Vernunft erhält sich gerade *in* der Selbstbeschränkung. Die Erfahrung totaler Sinnlosigkeit im modernen Phänomen der Selbstzerstörung ist keine kritische; sie ist vielmehr Ausdruck einer Pseudokritik. (Damit ist natürlich nichts über die individuellen und gesellschaftlichen Anlässe gesagt, die diese Art der Verzweiflung aufkommen lassen oder unterstützen.)

Abschließend sei noch ein Vergleich versucht, der Vergleich von Kants Beschreibung der selbstzerstörerisch metaphysikdurstigen Vernunft mit einer Beschreibung der Psychodynamik des narzisstisch gestörten, suizidgefährdeten Menschen, wie sie bei Heinz Henseler zu finden ist. Auch Kant spricht von einer «Krankheit der Vernunft» einer «Sehnsucht uns außer unserm Kreise zu verlieren und andre Welten zu beziehen», und von der Vernunftkritik als Heilmittel für diese Krankheit.[22] Der Vergleich bezieht sich vor allem auf das psychische Phänomen der Realitätsverleugnung und der hochgradigen «Idealisierung der eigenen Person wie seiner Umgebung» beim Suizidanten, dann auf die «Phantasien vom

---

21 KrV B XXX.
22 Reflexion 5073, Akad.-Ausg. Bd. XVIII, S. 79f.

Rückzug in einen harmonischen Primärzustand», die – in Handlung umgesetzt – den Suizid beinhalten.[23] Der Vergleich wäre weiterzutreiben: Die Vernunftkritik macht die selbstzerstörerische Dynamik des metaphysischen Vernunftgebrauchs bewusst, indem sie sie explizit nachvollzieht; darin schon «erhält» sich Vernunft. Der Erhaltung kritischer Vernunft in der Selbstbeschränkung wäre die in der Therapie zu erwerbende Möglichkeit des Umgangs mit der narzisstischen Störung an die Seite zu stellen. Eine Heilung im Sinne einer dauerhaften Behebung der Störung lässt sich allerdings hier wie dort nicht erwarten. Was die Vernunftkritik betrifft, so muss Kant gegen Kant beim Wort genommen, nämlich die Kritik der scheinerzeugenden, «überfliegenden» Vernunft angesichts der immer wieder in Form von Weltanschauungen oder Ideologien allgemeine und öffentliche Geltung beanspruchenden Antworten auf die großen Lebensfragen als Daueraufgabe begriffen werden.

Doch wird eine Vernunft, die sich selbst in ihren Wissensansprüchen beschränkt, damit auch den Problemen gerecht, die sie dazu zwingen, sich jenen metaphysischen, empirisch nicht beantwortbaren Fragen zu stellen? Ich will das an zwei Problemen verfolgen, die das Nachdenken in einen Strudel von Fragen und strittigen Antworten hineinziehen: am Problem des Todes (Kap. V) und am Problem des Bösen (Kap. VI).

---

23 H. Henseler: *Narzisstische Krisen. Zur Psychodynamik des Selbstmords*, Reinbek bei Hamburg 1974, S. 85.

V Das Ende bedenken

Vom Tod eines Menschen, gar nicht zu reden von Massakern an Menschen, geht eine eminente Bedrohung der gewöhnlichen Sinngewissheit aus. Aber auch deren reflektierte, auf Vernunft oder Glauben abgestützte Form wird angegriffen und erst recht die fragile Orientierung am Wert der bloßen *Frage* nach einem umfassenden Sinn. Vermag ein philosophisches Bedenken des Todes, das sich ein Ausgreifen ins Metaphysische verbietet, ohne von der Sinnfrage zu lassen, der Wirklichkeit des Todes standzuhalten? Ich stelle dieses *memento mori* in den größeren Zusammenhang eines *memento finis*: Wohin führt es, das *Ende* zu bedenken?

Der Tod ist das Ende eines Lebens, aber nicht das einzige Ende, von dem eine Bedrohung ausgehen kann. Das Erfordernis, das Ende ins Auge zu fassen, wird in der einschlägigen Spruchliteratur für *alles*, was man sich vornimmt, geltend gemacht:

> Es ist nötig, bei jeder Sache das Ende ins Auge zu fassen, wie sie wohl ausgehen wird. Denn schon so manchem hat der Gott das Glück gezeigt und ihn dann mit seinen Wurzeln umgeworfen.

Der Satz findet sich beim griechischen Geschichtsschreiber Herodot, und zwar in einem Gespräch zwischen dem athenischen Gesetzgeber Solon und dem lydischen König Kroisos.[1] Dazu stellen sich Fragen. Gewiss, das *memento mori*, das Eingedenksein des eigenen Sterbenmüssens, ist in mancher Hinsicht jeden Tag angebracht. Doch «Ende» meint nicht bloß Tod, und ist der Tod überhaupt das Ende? Auch das immer mögliche, gegenwärtig allerdings unwahrscheinliche Ende unserer Welt als solcher, Apocalypse now, könnte gemeint sein. Statt zur Kunst des Lebens und Sterbens angesichts des einen oder anderen Endes etwas beizutragen, werde ich vielmehr zum Thema machen, was es damit auf sich hat, das Ende zu bedenken.

Dabei legt es sich nahe, sich zunächst einmal über den Begriff und vielleicht auch nur über den Gebrauch des Wortes «Ende» zu

---

1 Herodot: *Geschichten und Geschichte*. Buch 1–4. Übersetzt von Walter Marg, Zürich, München 1973, S. 18.

verständigen. Vorweg sei bemerkt, dass es dem «Ende» nicht zu einem Eintrag im *Historischen Wörterbuch der Philosophie* gereicht hat, was davon zeugt, dass sein Status in philosophischen Diskursen fragil ist. Das «Große Wörterbuch» des *Duden* führt wohl als Hauptbedeutungen von «Ende» an: die Stelle bzw. den Ort, wo etwas aufhört, und den Zeitpunkt, an dem etwas aufhört (bzw. das letzte Stadium), neben dem letzten, äußersten Stück, dem Zipfel (der Wurst), und der Sprosse des Geweihs. Das finale Bedeutungsmoment im Wort «Ende» wird allerdings nicht eigens ausgezeichnet. Für die philosophische Verwendung des Wortes «Ende» ist jedoch gerade die Bezugnahme auf einen Sinn oder ein Ziel (lat. *finis*) einschlägig, ebenso die aus religiöser Rede vertraute Wendung, dass ein Mensch mit seinem Tod sein Leben «vollendet» hat (d.h. ja: ins Ziel gekommen ist). In der alltagssprachlichen Rede vom guten oder schlimmen Ende, das es mit etwas oder jemandem genommen hat, versteckt sich gewissermaßen dieses finale Moment (Ähnliches gilt für den Gebrauch von «Ausgang»). Der philosophische Begriff des *Endzwecks* lässt das Ende sogar ganz vom Zweck her bestimmt sein: Der Mensch ist für Kant nicht nur der «letzte Zweck» der Natur, sondern aufgrund seiner Fähigkeit zu moralischer Selbstbestimmung ihr «Endzweck»; Hegel fordert es sich ab, in der Geschichte den Endzweck der Welt aufzusuchen. Wenn auch kaum jemand den Tod als Endzweck verstehen dürfte, so lässt sich doch fragen, ob der Tod, der das Ende eines Lebens markiert, einen Zweck oder – vager – einen Sinn hat.

Am Ende befindet man sich in einem letzten Stadium, räumlich in einer «Zone», einer Grenzzone, in der die Grenze verläuft. Und das wird nun gerade für die *wichtigen* Fragen zum Ende relevant. Man kann das Ende als Grenze denken und an der Linie veranschaulichen. Ich gehe kurz auf eine Auseinandersetzung über die Linie ein, die Martin Heidegger und Ernst Jünger Mitte der 1950er Jahre führten. Jünger hatte damals für die Festschrift zum 60. Geburtstag Heideggers (1949) einen Beitrag mit dem Titel *Über die Linie* geschrieben,[2] worin er die nihilistische Bewegung zum «Nullpunkt» oder «Nullmeridian» unter dem Gesichtspunkt seiner bereits in Gang befindlichen Überquerung analysierte – sein «über die Linie»

---

2 Separat publiziert: Frankfurt/M. 1950; daraus die folgenden Zitate.

also als ein *über* die Linie hinaus verstand, als ein *trans* lineam, wie Heidegger in *seinem* Beitrag zur Festschrift anlässlich des 60. Geburtstags von Jünger sechs Jahre später (1955) festhielt.[3] Auf diese Spezifizierung kam es Heidegger deshalb an, weil er seine eigene Abhandlung, phonologisch ununterscheidbar, ebenfalls unter den Titel Über «*Die Linie*» rückte, dabei aber «Die Linie» in Anführungszeichen setzte und so bekundete, dass er *von* der Linie selbst (*de linea*) handeln wolle, vom «Ort» der Linie, «von der Zone des sich vollendenden Nihilismus» (S. 8). Jünger evoziert zur Linie räumliche und militärische Konnotationen, die er mit einer «ärztlichen Lagebeurteilung» überformt (Heidegger, S. 10); Heidegger bleibt, von Jünger (S. 30) her gesehen, *vor* der Linie, denn nach seinem Verständnis bewegt sich der Geist nicht schon über die kritische Linie hinweg. Es geht Heidegger darum, den Nihilismus erst einmal in der Phase seiner Vollendung sichtbar zu machen, die Linie also als «Ort» der Finissage des Nihilismus zu bedenken. Vollendung: das heißt am Ziel anzukommen, en-telécheia. Aber was für ein Widersinn ist das: ein *sich vollendender* Nihilismus, wo doch «der Geist», wie Jünger (S. 12) schreibt, «vom Nichts unmöglich eine Vorstellung gewinnen kann», indem ihm bei der Annäherung an den Nullmeridian seine Erkenntnismittel, Anschauung und Erkenntnis, schwinden. Die einzige Auskunft, die angesichts des Widersinns eines sich vollendenden Nihilismus zunächst bleibt, kann nur lauten: Heidegger redet *apokalyptisch*. Die Linie steht bei ihm für ein geschichtliches Ende, in dessen Zone Erfüllung statthat, indem das abendländische metaphysische Denken mit dem Nihilismus in sein Ziel findet. Für Apokalyptik spricht auch, dass er Jünger vorwirft, er gebrauche «im Raum diesseits und jenseits der Linie [...] die gleiche Sprache» (S. 15), die Sprache der Metaphysik, nicht eine neue Sprache; dieser hatte viel pragmatischer – auch naiver? – darauf hingewiesen, «dass mit dem Überqueren des Nullmeridians die alten Ziffern nicht mehr stimmen und eine neue Rechnung anzufangen ist» (S. 29).

«Mensch, was du tust, bedenk' das End, Das wird die höchst' Weisheit genennt.» Haben wir das nun, was Hans Sachs in diesem

---

3 Separat unter dem Titel *Zur Seinsfrage*, Frankfurt/M. 1956, publiziert; daraus die folgenden Zitate.

Spruch fordert, wenigstens in reflexiver Form mit unserem Nachdenken über die Bedeutung von «Ende» getan? Allem Anschein nach noch nicht. Die höchste Weisheit erschöpft sich nicht in Sprach- bzw. Wortanalyse. Man würde mit ihr in dieser Form auch kaum 1000 Goldstücke verdienen, wie sie nach Hans Sachs bzw. den «Gesta Romanorum» (1472) einem Philosophen aus Athen von Kaiser Domitian in Rom für die angeführte Weisheit bezahlt wurden. Immerhin haben wir zuletzt nicht mehr nur bedeutungsanalytische, sondern bereits Fragen der epistemischen Zugänglichkeit des Endes berührt. Das Bedenken der Linie als des Ortes des übergehenden bzw. sich vollendenden Nihilismus stand ja für das generelle Problem, wie sich dem Ende anzunähern sei, ob es sich nun um das Ende als Tod, das Ende der Geschichte, der Welt, des Subjekts, der Kunst, der Philosophie handelt. Ich nenne einige der sich dabei stellenden Fragen. Greift unser Denken, wenn wir es auf das Ende richten und dabei gerade *vom Ende her* denken, nicht immer schon über das Ende hinaus? Und wenn es so ist, fordert dann nicht schon das Bedenken des Endes *vor* dem Ende ein Denken und Sprechen, wie es für das *Nachher*, das Jenseits, ersonnen wird? Oder misslingt dieses «klassische» Vorgehen nicht prinzipiell, weil wir – in anderer Sicht – mit unserem Denken immer schon vor dem Ende Halt machen, sodass wir – wie beim Anfang zu spät – beim Ende zu früh kommen? Ist das Bedenken des Endes ebenso durch die différance gezeichnet wie das Denken des Ursprungs? Und die andere Sprache nur ein apokalyptischer Ton, mit dem «Ende» aufklingt (Derrida[4])?

Welches Ende hat Hans Sachs im Auge? Gewiss nicht ein so gewöhnliches wie das Ende einer Anstellung, einer Kur, einer Ferienreise, sondern das alle unsere Gemüts- und Geisteskräfte herausfordernde unweigerliche Ende des eigenen Lebens im Tod, vielleicht auch das apokalyptische Ende der Welt. Beides soll im Folgenden angesprochen werden, und zwar unter dem Aspekt, was das Bedenken des Endes in diesen zwei Fällen für die Subjekte, die es tun, bedeutet. Dabei kann und will ich hier die eben gestellten Fragen nur insoweit anschneiden, als sie darauf hinführen, noch ein drittes Ende,

---

4 Vgl. Jacques Derrida: *Apokalypse*. Hg. von Peter Engelmann, Graz, Wien 1985, bes. S. 18f.

das Ende der Metaphysik, zu bedenken, wie es untergründig schon bei meinen Bezugnahmen auf Heidegger und Derrida anklang.

Der Tod

Das Ende des eigenen Lebens, sprich den eigenen Tod, zu bedenken, ist intellektuell und existenziell belastend. Es steht in herber Spannung zu einem vermutlich natürlichen Bedürfnis, den Tod wie jedes Ende nicht *als Ende* zu akzeptieren. Und zwar nicht bloß den Tod im Allgemeinen und nicht bloß den Tod anderer, auch sehr nahestehender Menschen, sondern den eigenen Tod. Was trägt «zu bedenken, dass wir sterben müssen» für den Kampf mit jenem Bedürfnis aus? Ich zitiere ein *memento mori* des Stoikers Mark Aurel aus dem 2. nachchristlichen Jahrhundert:

> Fortgesetzt bedenken, wie viele Ärzte gestorben sind, die oft über den Kranken die Augenbrauen in Falten gelegt haben; wie viele Astrologen, die den Tod von anderen als etwas Großes vorausgesagt haben; wie viele Philosophen, die über Tod oder Unsterblichkeit sich unendlich ereifert haben; wie viele Helden, die viele getötet haben, wie viele Tyrannen, die die Macht über das Leben mit gewaltigem Hochmut ausgenützt haben; wie viele ganze Städte sozusagen gestorben sind, Helike und Pompeji und Herculaneum und andere unzählige. Durchgeh auch, die du kennst, einen nach dem andern. Einer hat diesen bestattet und ist dann niedergesunken, ein anderer jenen; alles in kurzer Zeit. Überhaupt nämlich das Menschliche immer als eintägig und wertlos betrachten, gestern Schleim, morgen Mumie oder Asche.[5]

Diese Aufforderung, der Vergänglichkeit von allem eingedenk zu sein, ist durchsetzt von der Spannung zwischen menschlicher Macht und Ohnmacht gegenüber dem Tod. Es werden gerade diejenigen zu Zeugen der allgemeinen Sterblichkeit aufgerufen, die es in besonderer Weise mit dem Tod aufgenommen haben: Ärzte, Astrologen, Philosophen, Helden und Tyrannen. Die Übermacht des Todes scheint an denen auf, die sich seiner durch medizinische Kunst, prophetisches Vorauswissen, philosophisches Nachdenken, handgreifliche Stärke oder politischen Kalkül am intensivsten erwehr-

---

5 Kaiser Marc Aurel: *Wege zu sich selbst*. Hg. von Willy Theiler, 2. Aufl., Zürich, München 1974, IV 48.

ten. Der Tod wird als Schranke sichtbar, jenseits derer das Leben *nicht* weitergeht. Die heilende Tätigkeit des Arztes hat am Tod des Patienten, insbesondere aber am Tod des Arztes selbst ihre Schranke, das Wissen am Tod des Wissenden, die unmittelbare und die mittelbare Selbstbehauptung am Tod des Mächtigen. Der Kampf mit dem Tod, der gerade menschliches Leben prägt, ist Lebensvollzug und an die Gewähr von Leben gebunden, so aber, indem Leben im Tod seine Schranke hat, ein für das einzelne Lebewesen immer mit einer definitiven Niederlage endender Kampf.

In dieser Situation erscheint es geradezu angezeigt, das Ende, den eigenen Tod, *nicht* zu bedenken, also sich nicht mit dem eigenen Sterbenmüssen zu konfrontieren, jedenfalls so lange, bis es nicht unmittelbar vor der Tür steht. Denn, was hätte dieses Bedenken für einen Sinn? Auf diese Frage sind verschiedene Antworten gegeben worden. Sie waren nicht selten durch die Furcht vor einem Gericht nach dem Tod motiviert, in dem über das Leben moralisch geurteilt würde. Schon Epikur hat diese Furcht für unbegründet zu erklären versucht. Der Tod kann aber auch in einer anderen Hinsicht als bedrohlich empfunden werden, wenn mir nämlich um mich bange wird, weil ich mich vor dem Abschied von mir lieben Menschen fürchte, weil ich mich von Allem lösen muss, weil der Sinn meines Lebens in Frage gestellt ist. Das kann er und das tut er auch damit, dass in jedem Menschen ein Überschuss über das pure Leben zur Lebensrealität geworden ist, in dem sich Horizonte eröffnen, die weit über das hinausführen, was tatsächlich gelebt zu werden vermag: Wünsche und Möglichkeiten, deren Verwirklichung durch den Tod – wann immer er eintritt – in kleinerem oder größerem Maße abgeschnitten werden.

Ich will die Sinnfrage angesichts des Todes so formulieren: Muss der Tod als *Schranke* oder kann er als *Grenze* angesprochen werden? Als Schranke aufgefasst ist der Tod das definitive Ende, hinter dem nichts mehr kommt; als Grenze aufgefasst, ist mit dem Tod eine Zäsur gesetzt, die es erlaubt, sich mindestens Gedanken über ein «Jenseits» zu machen und damit das «Diesseits» des Todes, unser «Sein zum Tode», in ein Verhältnis zum Jenseits des Todes zu bringen.[6]

Unser Verhältnis zum Tod ist primär ein Verhältnis zur Schranke des Todes. Indem unser Wissen, dass wir sterben müssen, sich in *Lebens*vollzügen ausprägt (wie sie Mark Aurel aufzählt), ist der Tod für uns Lebende die pure Negation, «das Furchtbarste», wie Hegel schreibt.[7] Diese Sicht auf den Tod ist nicht bloß eine Perspektive lebendiger Wesen neben anderen, es ist vielmehr das Leben selbst, das sich vor dem Tod aufbäumt, der so für es nichts als Ende oder Schranke sein kann, das Nein, die Negation, bei der es bleibt. «Ja, das war das Leben», erkennt der sterbende Iwan Iljitsch in Tolstois Novelle, «und nun geht es hin, geht hin und ich kann es nicht aufhalten. Ja. Wozu sich betrügen? [...] Ich werde nicht mehr sein, was jedoch wird sein? Es wird nichts sein. Und wo werde ich dann sein, wenn ich nicht mehr sein werde? Wäre es möglich, der Tod? Ich will nicht.»[8]

Die Erfahrung der Todesschranke ist eigentümlich an die eigene Identität gebunden. Von sich selbst kann man es sich eigentlich nicht vorstellen, einmal nicht mehr zu sein; der eigene Tod ist das Unvorstellbare. Im Lichte der Absperrung des menschlichen Ich gegenüber dem Tod ist wohl auch das merkwürdige Phänomen zu deuten, dass – wie Sigmund Freud festgehalten hat – niemand im Grunde an seinen eigenen Tod glaubt, sondern jeder von uns «im Unbewussten [...] von seiner Unsterblichkeit überzeugt» ist.[9] Iwan Iljitsch geht eines der Schulbeispiele für logisches Schließen durch den Kopf: Wenn alle Menschen sterblich sind und Cajus ein Mensch ist, so ist auch Cajus sterblich.

> Jenes bekannte Beispiel [...] war ihm sein ganzes Leben hindurch rechtmäßiger Weise lediglich als auf Cajus anwendbar vorgekommen, keinesfalls aber auf ihn, Iwan Iljitsch, selber. Jenes war der Mensch Cajus, der Mensch überhaupt, und für diesen war das Gesetz völlig gerechtfertigt; er

---

6 Ich bediene mich bei diesen Formulierungen einer kantischen Terminologie, die nicht alltäglicher Sprachgebrauch ist, verwende also «Schranke» in der Bedeutung eines unüberwindlichen Hindernisses, gewissermaßen einer Wand, während «Grenze» eine überschreitbare Linie oder Zone meint.
7 G.W.F. Hegel: *Phänomenologie des Geistes*, Werke (Suhrkamp) Bd. III, S. 36.
8 Leo N. Tolstoi: *Der Tod des Iwan Iljitsch*, Stuttgart 1977, S. 54.
9 Sigmund Freud: GW X, S. 341.

> indes war nicht Cajus und ebensowenig der Mensch an sich [...] Cajus, der war in der Tat sterblich, und wenn er starb, so war es ganz in der Ordnung; ich dagegen, ich, Wanja, ich, Iwan Iljitsch, mit all meinen Gefühlen und Gedanken – bei mir ist es nun einmal eine ganz andere Sache. Und es kann ja gar nicht sein, dass auch ich sterben muss.[10]

Ist es gerechtfertigt, vom Tod als einer *Grenze* zu reden? Es ist uns Menschen offenbar eigentümlich, die Todesschranke in die Todesgrenze verwandeln zu können, faktisch zu verwandeln und verwandeln zu müssen. Diese Verwandlung hat in den menschlichen Kulturen eine schier unüberblickbare Fülle von Formen des Umgangs mit dem Tod entstehen lassen, unter anderem bei der Bestattung von Toten. Gemeinsam ist diesen Formen, dass mit ihnen der totale Unterschied zwischen Leben und Tod aufgehoben wird. Die Wandlung der Schranke zur Grenze beinhaltet eine Sinngebung des Todes – und des Lebens. Die geistige Sinngebung, die aus dem Bedenken des Endes im Tod erwächst, reicht von Vorstellungen über ein Weiterleben nach dem Tod, Beweisen für die Unsterblichkeit der Seele und dem Glauben an die Einbettung des an den Tod gebundenen Lebens in den größeren Zusammenhang einer göttlichen Schöpfungsordnung bis zum Agnostizismus, ja zuletzt bis zur Anerkennung des Todes als Schranke. Diese Anerkennung ist am schwersten zu leisten. Sie wird, sei es von Trauer, sei es von Melancholie begleitet, und sie wird auch ständig von der Tendenz der Lebenden unterwandert, die Todesschranke doch irgendwie zu überwinden. Die Abwehr gehört zum Bedenken des Todes, und ebenso «natürlich» ist seine Verdrängung; der Tod, nicht nur das Leben ist – wie Freud schrieb – zu schwer für uns. Und doch: was da verdrängt wird, meldet sich zwingend zurück, irgendwann.

Das Ende der Tage

Der Gedanke eines Endes der Welt ist in unserer christlich grundierten Kultur mit der Vorstellung eines Jüngsten Tages verknüpft, an dem Gericht gehalten wird. Die Bilder, mit denen diese Endzeit ausgemalt, und die Theorien, in denen sie bedacht wird, fußen auf dem letzten Buch der Bibel, der Apokalypse oder Offenbarung des

---

10 Tolstoi, S. 57f.

Johannes. Worauf richten wir uns, wenn wir uns auf dem Hintergrund dieser religiösen Überlieferung dem Ende der Welt zuwenden? Gewiss nicht auf den in fünf bis zehn Milliarden Jahren erwarteten Zeitpunkt, zu dem eine verbrannte Erde, die mit knapper Not den Übergang der Sonne zu einem weißen Zwerg überstanden hat, ohne Menschen und andere Lebewesen ist; auch nicht auf ein Ende des Universums, zu dessen Anfang die mit spekulativer Kosmologie verknüpfte Astrophysik heute mit aller Intensität vorzudringen sucht. Die apokalyptischen Visionen eines Weltendes, wie sie vor dem Erreichen der Schwelle zum dritten nachchristlichen Jahrtausend wieder einmal Konjunktur hatten, zielen auf etwas anderes. Das deutet sich schon damit an, dass in ihnen das Ende der Menschheit und das Ende der Welt vermischt werden. Auch das Ende der Menschheit, das diese in absehbarer Zukunft am achten Tag der Schöpfung selbst herbeiführen könnte, befindet sich nicht im Visier der Visionäre. Denn die Beschäftigung mit diesem Ende steht im Interesse seiner Verhinderung, Heuristik der Furcht ist angesagt. Wer sich Visionen des Weltendes verschreibt, lässt sich davon auch nicht durch mehrfache Falsifikation von Prognosen abhalten, so sehr er das Berechnen zu seinem Metier gemacht haben mag. Das Interesse ist auf den Schnitt geheftet, den Schnitt zwischen dem alten Babylon und dem neuen Jerusalem, auf das Gericht über die alte Erde mit ihren Ungläubigen, Befleckten, Mördern, Unzüchtigen, Zauberern, Götzendienern und Lügnern (Apk 21,8) und die Errettung der gläubigen Anhänger Jesu Christi, die sich auf das Ende vorbereitet haben.

Damit sind strukturell einige Berührungspunkte zur Bezugnahme auf das Ende im *Tod* gegeben. Aber die Unterschiede überwiegen: Die Dringlichkeit der Besinnung auf das Weltende scheint herbeigeredet; das betroffene Subjekt ist die Menschheit, deren selbsternannte Repräsentanten mich in meinem unvertretbaren Sein zum Tode nur von ferne, wenn überhaupt, erreichen. Ist es dann aber noch zu empfehlen, das Ende der Welt zu bedenken? In einer kleinen Schrift *Das Ende aller Dinge* von 1794 versucht Kant, den guten Sinn der Apokalyptik im Horizont eines der Aufklärung verpflichteten Denkens zu ermitteln; ich nenne das Resultat dieses Versuchs eine philosophische Eschatologie, eine philosophische Lehre von den letzten Dingen, den eschata. Richtigerweise geht er dabei, wie ich es auch tun musste, nicht von einer Empfehlung aus, sondern von dem *Faktum*, dass Menschen ein Ende der Welt erwarten. Warum, fragt er dann, tun sie das eigentlich? Der Grund apokalyptischer Erwartungen «scheint» dem Philosophen in der vernunftgestützten Erwägung von Menschen zu liegen, «dass die Dauer der Welt nur sofern einen Wert hat, als die vernünftigen Wesen in ihr dem Endzweck ihres Daseins gemäß sind, wenn dieser aber nicht erreicht werden sollte, die Schöpfung selbst ihnen zwecklos zu sein scheint: wie ein Schauspiel, das gar keinen Ausgang hat und keine vernünftige Absicht zu erkennen gibt».[11]

Das heißt: Die Erwartung eines Endes der Welt ist verknüpft mit einer Zwecksetzung, welche die Welt und die «vernünftigen Wesen» in der Welt betrifft. Die Welt ist ihrer Dauer nach auf ein Ziel bezogen, dessen Erreichung ihr ihren Wert gibt. Dieses Ziel besteht darin, dass die vernünftigen Wesen in der Welt ihren eigentlichen Zweck, ihren «Endzweck», erfüllen. Strukturell gilt für Kant, dass der Mensch Endzweck der Schöpfung *ist*. Ohne den Menschen wäre die Welt «zu nichts da».[12] Der Mensch ist Endzweck, d.h. unbedingter Zweck, weil sein Dasein «den höchsten Zweck selbst in sich» hat und nicht irgendeinem anderen Zweck dient. Es ist allerdings nicht die Natur, die dergestalt auf das Naturwesen Mensch als ihren Endzweck zulaufen würde. Der Mensch ist vielmehr Endzweck nur als vernünftiges Wesen, genauer als moralisches Wesen oder «Subjekt der Moralität»,[13] zu dem er sich selbst bestimmen muss. Er führt seine Existenz in der für ihn unaufhebbaren Spannung zwischen einem Vernunftwesen und einem Naturwesen. Es bleibt seine Aufgabe, sich als moralisches Subjekt zu gewinnen, d.h. er steht in der Pflicht, zu sich als Endzweck fortzuschreiten.[14] Wenn diese normative moralische Selbstbestimmung als «Weg» in der *Zeit* bzw. Geschichte aufgefasst wird, gewinnt auch das Vordenken an ein Ende der Zeiten seine Plausibilität. Der Vergleich mit dem Schauspiel ohne Ausgang macht allerdings deutlich, dass

---

11 Akad.-Ausg. Bd. VIII, S. 331.
12 *Kritik der Urteilskraft*, Akad.-Ausg. Bd. V, S. 442.
13 Ebd., S. 435.
14 Akad.-Ausg. Bd. XX, S. 294.

Kant den Sinn bzw. die Zweckmäßigkeit der Schöpfung nur im Zuge der Rücksichtnahme auf die temporale Auslegung des Fortschreitens zum Endzweck an ihr zeitliches Ende bindet. Die Vernunft sagt uns, dass der Gedanke der angestrebten Erfüllung des Endzwecks vernünftiger Wesen nicht in die leere Unendlichkeit auslaufen darf, und motiviert so zur Erwartung eines Endes der Bemühungen durch Erreichung des Ziels – eines Endes, das als Ende der Dauer der Welt vorgestellt wird.

Mit der Bezugnahme auf den Endzweck vernünftiger Wesen demonstriert Kant, dass die christliche Eschatologie einer moralphilosophischen Transformation zugänglich ist. Ich zeige an der Rede vom «Übergang aus der Zeit in die Ewigkeit», wie er diese Übersetzung als eine Kritik mit «positivem Nutzen» durchführt. Er definiert den Übergang als «ein Ende aller Zeit bei ununterbrochener Fortdauer des Menschen», charakterisiert diese ewige Fortdauer aber als eine *geistige*, die nicht mehr zeitlich beschrieben werden kann. Die Transformation erfolgt nun so, dass das Ende der Zeit als das Ende der phänomenalen Welt mit ihren nur in der Form der Zeit erfahrbaren Dingen interpretiert, der Übergang als Schritt aus der Welt der sinnes- und erfahrungsgebundenen Theorie in die Welt der Moralität betrachtet und die unzeitliche Fortdauer der nicht unter Zeitbedingungen stehenden vernünftigen Wesen in die moralische Ordnung gesetzt wird. Auch die Apokalyptik des Jüngsten Tages und des mit ihm verknüpften Jüngsten Gerichts lässt sich für Kant unangestrengt übersetzen: Ihr moralphilosophischer Sinn ist «Ablegung der Rechnung der Menschen von ihrem Verhalten in ihrer ganzen Lebenszeit». Vorstellungen über die physischen Folgen des Jüngsten Tages werden von Kant «nur als eine Versinnlichung» seiner moralischen Folgen betrachtet. Und ebenso bringt die «dualistische» Vorstellung, dass im Jüngsten Gericht zwischen Auserwählten und Verdammten gesondert wird, jedem Menschen nahe, dass ihm die Vernunft «keine andre Aussicht in die Ewigkeit» zeigt als die, «die ihm aus seinem bisher geführten Lebenswandel sein eignes Gewissen am Ende des Lebens eröffnet». Nun arbeitet Apokalyptik häufig mit Horrorszenarien. Warum erwarten die Menschen, fragt auch Kant, «eben ein Ende mit Schrecken (für den größten Teil des menschlichen Geschlechts)?»[15] Den Grund dafür sieht er darin, dass viele Menschen ihre Gattung für moralisch verdorben halten. Es scheint ihm berechtigt, wenn man dieses Urteil aus dem Gefühl der Menschen für «die Last ihrer Existenz» herleitet, eine Last, die ihre Ursache im Zurückbleiben der moralischen Bildung im Prozess der Kultivierung habe. Er selbst aber hält diesem Gefühl die Hoffnung entgegen, «dass der jüngste Tag eher mit einer Eliasfahrt, als mit einer der Rotte Korah ähnlichen Höllenfahrt eintreten und das Ende aller Dinge auf Erden herbeiführen dürfte».[16]

Geschichtsphilosophisch und unter Verzicht auf die Bildwelt des Jüngsten Tages formuliert, bezieht sich diese Hoffnung auf das Potential der «sittlichen Anlage der Menschheit», mit der kulturellen Entwicklung mitziehen, ja diese endlich wieder bestimmen zu können. Eine solche vernünftig begründete eschatologische Erwartung kann zwar mit der religiösen Kraft der Bildwelten des Schreckens nicht mithalten, gibt aber demjenigen Ausdruck, was Menschen subjektiv von der Enderwartung bleibt, wenn diese im Prozess der Vernunftkritik entmythologisiert worden ist. – Zusammenfassend halte ich fest: Aufklärung im kantischen Sinne radiert Eschatologie auf den mit Vernunft beschriebenen Blättern des menschlichen Geistes nicht aus, sondern gibt ihr eine moralphilosophisch begründete Bedeutung für die Gestaltung menschlichen Lebens zurück.

Hermann Cohen hat diese kantische Eschatologie um eine dem jüdischen Messianismus entstammende Komponente erweitert. Das Ende zu bedenken, das heißt in der jüdischen Tradition, *auf den Messias zu warten*.

> So sagte Rabbi Shmuel ben Nachmani im Namen Rabbi Jonathans: Es soll der Geist derjenigen schwinden, die das Ende bedenken [auch: berechnen], denn sie werden sagen: Weil das Ende kommen sollte und es nicht kam, wird es nie wieder kommen. Man soll es vielmehr erwarten.[17]

Was beinhaltet ein solches Erwarten in philosophischer Interpretation? Cohen weist es ab, dass der biblische Messianismus eschato-

---

15 Akad.-Ausg. Bd. VIII, S. 328–330.
16 S. 332.
17 Sanhedrin 97b; ich danke Daniel Strassberg für den Hinweis auf diese Talmudstelle.

logische Apokalyptik sei.[18] Wie Kant entzieht auch er die «Aussichten in die Ewigkeit» (J. C. Lavater) metaphysischen Spekulationen und nimmt sie auf die ethische Bestimmung menschlichen Lebens im Hier und Jetzt zurück. Die Rede von der «erfüllten Zeit» der Ewigkeit bedeutet, geschichtlich verstanden, dass die zeitliche Zukunft im Heute mit der messianischen Zukunft ihren *Sinnhorizont* erhält, nicht ihre Fortsetzung findet.[19] Das Ende in «messianischer Zuversicht» zu «erwarten» heißt, «mein ganzes Leben und jeden Moment meines Daseins» von ihr erfüllt sein zu lassen.[20]

Das Ende der Metaphysik

Messianische Erwartung ist also von geschichtlicher Zuversicht getragen. Woher aber stammt diese Zuversicht? Cohen setzt wie Kant auf die Idee Gottes. Beiden scheint Gott, wenn er als Garant dieser Zuversicht begriffen wird, der Kritik zu entgehen, die an einem metaphysischen Gottesbegriff geübt werden muss. Ob und unter welchen Voraussetzungen er das tut, ist jetzt nicht zu diskutieren. Ich will vielmehr nur noch auf den intimen Zusammenhang zwischen dem eschatologischen Bedenken des Endes und dem Problem der Metaphysik eingehen. Die Entkräftung des metaphysischen Sinngebungspotenzials, wie sie Nietzsche und Heidegger beschrieben und zugleich gefördert haben, raubt dem eschatologischen Denken in der akademischen Philosophie und in der «Weltweisheit» zunehmend einen philosophischen *Ort*, macht es philosophisch ortlos. Man kann den späten Heidegger vielleicht so lesen, dass er dem eschatologischen Denken seinen Ort *im sich vollendenden Nihilismus*, *im Ende der Metaphysik* zuweist. Auch Kant wäre mit seiner Kritik der Apokalyptik bereits in die Zone dieses Endes eingetreten. Der von mir oben als widersinnig hingestellte Ausdruck «sich vollendender Nihilismus» bezöge sich, so verstanden, auf das Paradox einer Metaphysik an bzw. vor ihrem Ende. In einem 1964 in Paris

---

18 Hermann Cohen: *Religion der Vernunft aus den Quellen des Judentums*, 2. Aufl., Frankfurt/M. 1929, S. 336.
19 Vgl. Pierfrancesco Fiorato: *Geschichtliche Ewigkeit. Ursprung und Zeitlichkeit in der Philosophie Hermann Cohens*, Würzburg 1993, bes. S. 166ff.
20 Cohen, a.a.O., S. 360.

gehaltenen Vortrag «Das Ende der Philosophie und die Aufgabe des Denkens» nimmt Heidegger selbst der Rede von der «Vollendung der Metaphysik» die Schärfe, indem er betont, dass «Vollendung» nicht «Vollkommenheit» besage und das «Ende» als Vollendung die Versammlung des Ganzen der Philosophiegeschichte in ihre äußerste Möglichkeit sei.[21] Die Philosophie oder Metaphysik in ihrer ganzen Geschichte wird hier mit dem Ausdruck bezeichnet, mit dem Heidegger sich in *Sein und Zeit* den Tod zurecht gelegt hatte: «Das Vorlaufen [in den Tod] erschließt der Existenz als äußerste Möglichkeit die Selbstaufgabe und zerbricht so jede Versteifung auf die je erreichte Existenz.»[22] Die Bewegung unseres jeweiligen Daseins auf sein Ende hin gleicht strukturell der geschichtlichen Bewegung des metaphysischen Denkens in sein Ende. Anders aber als für den Tod dort scheint hier, eschatologisch, ein Anfang jenseits der Grenze auf.

Ob der letzte Gang, die letzte Fahrt, das letzte Stündchen und ob das Ende der Tage zu einem neuen Anfang führen, beschäftigt menschliches Denken und menschliche Einbildungskraft seit eh und je. In der europäischen Philosophie hat sich die denkerische Bearbeitung dieser Frage zur Metaphysik ausgebildet. Wo wir *deren* Ende bedenken, bedenken wir weiterhin auch *unser* Ende, das individuelle und das menschheitliche Ende.

So verschlissen Begriffe wie Ziel, Zweck oder Sinn, wie Mensch, Subjekt oder Vernunft scheinen – Philosophie muss mit ihnen auch an ihrem «Ende» arbeiten, eingedenk des Schicksals der menschlichen Vernunft, eschatologischen Fragen nachgehen zu müssen, die sie nicht abweisen kann, auch wenn sie sie letztlich nicht zu beantworten vermag. Für eine solche Metaphysik lässt sich einstehen, selbst für eine paradoxale, melancholische, asthmatische Metaphysik – für den Freiraum des Denkens, den wir uns bei allen Versuchen, mit der Metaphysik an ein Ende zu kommen, erhalten.

---

21 M. Heidegger: *Zur Sache des Denkens*, Tübingen 1969, S. 62f.
22 *Sein und Zeit*, 18. Aufl., Tübingen 2001, S. 264.

VI Die Unerklärlichkeit des Bösen

Schwierigkeiten des gedanklichen Umgangs mit dem Bösen

Wie geht selbstkritische Vernunft mit dem Bösen oder auch nur schon mit dem Problem des Bösen um? Da das Problem eine metaphysische Dimension hat, ist Vernunft gefordert; was ihr Einsatz zu leisten vermag, lässt sich zunächst nicht absehen. Generell zeigt sich an den verschiedenen Versuchen gedanklichen Umgangs mit dem (Problem des) Bösen, wie sperrig das Thema ist. Insbesondere menschlicher Verstand, d.h. eine rationale 'Bewältigung' des Bösen auf dem Boden der Erfahrung, hat sich bislang nicht als erfolgreich erwiesen. Woran liegt das? Im zweiten Band seiner *Philosophie* bemerkt Karl Jaspers 1932: «Das Böse, nie wirklich festzustellen, gedanklich nicht zu fassen, erweist sich faktisch in seinem *plötzlichen* Dasein als *unüberwindlich*.» Aber was liegt einer begrifflichen Fassung und Erklärung des Bösen im philosophischen Diskurs eigentlich im Wege? Warum erreicht die gedankliche Bemühung um das Böse immer nur «das Phantom dessen, was dem guten Willen *wie hinterrücks da ist*»?[1] Die Frage zeigt ihre Dramatik angesichts der Aufgabe, für die Erscheinungen des Bösen im 20. Jahrhundert über das Entsetzen hinaus, das sie auslösen, wenigstens annäherungsweise eine Erklärung zu finden: für den Holocaust, die stalinistischen Massenmorde, die Exzesse mittel- und südamerikanischer Diktatoren, die Verbrechen im jugoslawischen Krieg, den Terror des IS usw. usw. Aber was kann es heißen, 'eine Erklärung zu finden'? Zu *verstehen*? Kann ein Verstehen, das doch die Konnotation des Verständnisses hat, hier überhaupt anvisiert werden? Eher ist uns geläufig bzw. eingeredet worden, von (gedanklicher) «Bewältigung» zu sprechen. Das hieße allerdings wiederum nichts anderes, als Böses mit Sinn zu versehen und so in einen Bezug zu Gutem bringen. Die Aufgabe zeigt ihre ganze Schwierigkeit, wenn man an das Projekt einer *Theodizee* erinnert, wie es der Philosoph Gottfried Wilhelm Leibniz in einem Buch dieses Titels im Jahre

---

[1] *Philosophie*, 3. Aufl., Berlin u.a. 1956, Bd. II, S. 172.

1710 vorlegte. «Theodizee» bedeutet: vernünftig begründete Rechtfertigung Gottes angesichts des Bösen und der Übel in der von ihm geschaffenen Welt; Einklagen des guten Sinnes des Bösen in der vom allgütigen Gott geschaffenen Welt. Dieses großartige Gedankengebäude prägte zu einem guten Teil die Lebenseinstellung vieler Menschen in der ersten Hälfte des 18. Jahrhunderts, wurde aber bald morsch und brach 1755 mit dem Erdbeben von Lissabon und seinen Tausenden von Opfern, darunter vielen Kirchgängern, wie ein Kartenhaus zusammen. Gelingt ein solcher Versuch, das Böse im Guten aufzufangen, angesichts der überwältigenden Realität des Bösen subjektiv oder objektiv nicht mehr – bleibt dann nicht nur das Wegsehen oder der Gestus: ich will damit nichts zu tun haben (sofern man nicht selbst ein Opfer des Bösen ist)? Muss man es sich nicht sogar verbieten, dem Bösen einen eigenen theoretischen, wenn auch nur imaginären Spielraum zu verschaffen? Denn wozu sollte man das tun? Oder besteht *doch* eine Aussicht, dem Bösen Sinn geben zu können? Die theoretische wie die literarisch-imaginäre Beschäftigung mit ihm ist jedenfalls keine unschuldige. Sie bewegt sich zwischen der Verharmlosung des Bösen (indem es wie irgendein Thema angegangen und begrifflich unschädlich gemacht wird) und seiner Förderung – etwa durch Erweckung von Lust am Bösen in den Schriften des Marquis de Sade.

Gelangt die theoretisch-philosophische Auseinandersetzung mit Begriff und Grund des Bösen aber überhaupt zum Bösen an ihm selbst? Der Literaturwissenschaftler Bohrer rückt seine provozierenden Überlegungen unter die Frage: «Gibt es das böse Kunstwerk?». Das wäre ein Kunstwerk, in dem «das *dargestellte* Böse nicht mehr plausibilisiert ist»,[2] z.B. mit der künstlerischen Imagination «einer äußersten direkten vernichtenden Gewalt gegen den nächstbesten Mitmenschen», etwa ein Kleinkind. Auf die philosophische Schreibarbeit angewendet: Gibt es den bösen Text, in dem das *thematische* Böse nicht ethisch, geschichtsphilosophisch oder schöpfungstheologisch ein- und aufgefangen, also vom Guten gewissermaßen umgarnt wird? Und falls tatsächlich auf eine solche inhaltliche Verarbeitung verzichtet werden könnte, hätten wir in

---

2   Karl-Heinz Bohrer: *Nach der Natur. Über Politik und Ästhetik*, München, Wien 1988, S. 133f.

der Form des logisch geschriebenen Textes, des dank seiner logischen Ordnung 'guten' Traktats eine Chance, das Diabolische – wörtlich: das durcheinander Geworfene – zu thematisieren? Eine indirekte Bestätigung dieser Fraglichkeit liefert der häufige Ausschluss des *Teuflischen* aus dem philosophischen Diskurs. Keinem Geringeren als Kant scheint die philosophische Analyse des Bösen gerade der «boshaften Vernunft» oder dem «schlechthin bösen Willen», eben dem Teuflischen,[3] nicht gewachsen; sie muss sich mit dem Moralisch-Bösen, d.h. der Übermacht des Eigenwillens im Menschen, bescheiden. Und in verwandter Intention behauptet noch Jaspers (1932): «Das Teuflische wäre als das Widergöttliche selbst von einer Größe, die im Dasein nicht wirklich sein kann. Die *gewöhnliche* Form des Bösen» – und das heißt für unseren Zusammenhang: die rational angebbare Form des Bösen – «ist, dass das Gute gewollt wird, aber unter der Bedingung, dass es dem Eigendasein dient».[4] Anzuführen wäre auch Adornos berühmtes Diktum, dass es nach Auschwitz nicht mehr möglich sei, ein Gedicht zu schreiben. Aus der historischen Erfahrung einer neuen Dimension des Bösen hat dann Hannah Arendts Studie *Eichmann in Jerusalem* die Unmöglichkeit konkret vor Augen geführt, den Holocaust – ob es sich nun um Täter oder Opfer handelt – im ethischen Normaldiskurs selbst bei Zulassung des Teuflischen anzugehen: Eichmann war nicht 'der Teufel in Person', die infernalische Persönlichkeit voll teuflischer Gesinnung, sondern biederer Bürokrat, beflissener Apparatschik «der furchtbaren *Banalität des Bösen*, vor der das Wort versagt und an der das Denken scheitert»; seine Taten waren nicht Einzeltat mal 10^6, die Opfer nicht bloß Millionen von Menschen, verletzt wurde vielmehr «die völkerrechtliche Ordnung der Welt und die Menschheit im Ganzen».[5]

Neben der Diskrepanz zwischen den rationalen Mitteln der Thematisierung einerseits, der Erfahrung des Bösen andererseits, macht noch etwas anderes zu schaffen: die Rede von *dem* Bösen.

---

3   Immanuel Kant: *Die Religion innerhalb der Grenzen der blossen Vernunft*, 1. Stück. Akad.-Ausg. Bd. VI, S. 35.
4   A.a.O.
5   Hannah Arendt: *Eichmann in Jerusalem. Ein Bericht von der Banalität des Bösen*, München 1986, S. 300, 325.

Eine Zurücknahme dieser Substanzialisierung, etwa mit der Formulierung *Das sogenannte Böse*, wäre doch wohl angebracht. Und beileibe nicht bloß, um sich auf eine biologische oder soziologische Aggressionstheorie festzulegen. Wer *das* Böse, und sei es in seiner Unerklärlichkeit, bespricht, für den ist wohl auch *der* Böse nicht allzufern. Bekommen wir es gar noch mit dem Leibhaftigen selbst zu tun? Doch steht das überhaupt zur Wahl? In Leszek Kolakowskis «Stenogramm einer metaphysischen Pressekonferenz, die der Dämon am 20.12.1963 in Warschau abgehalten hat» stellt der Teufel selbst fest: «Sie haben aufgehört, an mich zu glauben, meine Herren, gewiss, ich weiß davon. Ich weiß es, und es lässt mich kalt. Ob Sie an mich glauben oder nicht [...] es ist mir maßlos gleichgültig [...] Es kommt mir nicht auf die Anerkennung meiner Existenz an; für mich ist nur das eine wichtig – dass das Werk der Vernichtung nicht stockt.» Der Dämon räsoniert dann über den Unglauben und die Tatsache, dass er ihm immer zuerst zum Opfer falle. «Den Teufel wird man am leichtesten los. Dann kommen die Engel, dann die Dreieinigkeit, schließlich Gott. Als wäre der Teufel das allerempfindlichste Teilchen Ihrer Vorstellungskraft [...].»[6] Schon Charles Baudelaire nannte es «die vollkommene List des Teufels», die Menschen davon zu überzeugen, dass es ihn gar nicht gibt. Jean-Claude Wolf kommentiert: «Ein Teufel, dessen Existenz geleugnet wird, kann umso ungehemmter wüten. Er macht sich die wissenschaftliche Blindheit für alles, was nicht wissenschaftlich erklärbar ist, zunutze.»[7]

Das Böse thematisch zu machen, es begrifflich zu fassen oder gar es erklären zu wollen, führt zu Schwierigkeiten, ja zu Verstörungen. Scharfsichtig diagnostiziert Ernst Jünger darin ein Zivilisationsproblem: «Diese völlige Neutralität, diese totale Farbenblindheit der Zivilisation, die sich unter anderem in der Verwechs-

---

6 Leszek Kolakowski: *Gespräche mit dem Teufel. Acht Diskurse über das Böse*, München 1975, S. 60f. Vgl. Georges Bataille: *L' Erotisme*, Paris 1957, S. 136f.: «L'un des signes de ce déclin [du sacré] est le peu d'attention prêté de nos jours à l'existence du diable: on y croit de moins en moins, j'allais dire que l'on n'y croit plus: cela veut dire que le sacré noir, étant plus que jamais mal défini, n'a plus à la longue aucun sens.»

7 Jean-Claude Wolf: *Das Böse als ethische Kategorie*, Wien 2002, S. 31.

lung des Verbrechens mit der Krankheit, der Werte mit den Zahlen, des Fortschrittes mit der Erlösung offenbart, ist dennoch eine letzte Konsequenz des Bösen, wenn dieses auch nicht mehr virulent vorhanden ist – ähnlich wie die Spirochäte im metaluetischen Stadium. Diese moralische Kastration, die völlige Ausschneidung des moralischen Bewusstseins bringt einen seltsamen Zustand hervor, in dem der Mensch aus einem Diener des Bösen in eine Maschine des Bösen verwandelt wird.»[8] Der ästhetische Blick hat hier die moralische Dimension des Bösen erreicht. Nicht allerdings um nun das Gute zur Geltung zu bringen. Jünger entlarvt vielmehr die zivilisatorische Abwertung des Bösen als Verlust an *Niveau*, und diesen Verlust wiederum als geschichtliche Konsequenz des Bösen, ohne dass dieses in seinen Wirkungen noch sichtbar wäre. Was tun wir also, wenn wir den bösen Blick für Phantasie und den bösen Menschen für krank erklären, wenn wir alle Bösartigkeit auf den Tumor versammeln, der herausgeschnitten werden muss? Folgen wir auf diese Weise gar einer Konsequenz des Bösen, das sich vergessen macht, um so nur noch ungestörter sein Zerstörungswerk vollbringen zu können? Die Verdrängung des Bösen gipfelt im modernen Autonomiewahn, zu dem der viel beschworene Tod Gottes «seine erniedrigten Geschöpfe» erweckt hat. Unerkannt aufersteht Gott, wie Peter Strasser diagnostiziert, in der «Lustautonomie von Überlebensmaschinen» als «Gott der Immanenzverdichtung» – und der ist kein anderer als «der Teufel, der seelenlose Demiurg».[9]

Derartige Analysen nötigen mindestens dazu, die ubiquitär zu beobachtende Tendenz, mit der Rhetorik des Guten ein moralisches Einverständnis herzustellen, zu unterwandern. Das soll nun allerdings nicht heißen, dass der Bezug zum Guten entbehrlich wäre. Doch sich dessen Führung und Schutz zu unterstellen, kann mitsamt der These, dass das Böse nur Mangel an Gutem oder überhaupt eine unsinnige Kategorie sei, ganz und gar nicht mehr für selbstverständlich gelten.

---

8 Ernst Jünger: *Das Abenteuerliche Herz. Aufzeichnungen bei Tag und bei Nacht*, Berlin 1929, S. 88f., zit. von Karl Heinz Bohrer: *Die Ästhetik des Schreckens*, Frankfurt/M., Berlin, Wien 1983, S. 227.
9 Peter Strasser: *Ontologie des Teufels*, Paderborn 2016, S. 39.

Begriff und Wirklichkeit des Bösen

Wenden wir uns aber zunächst der Semantik des Wortes «böse» zu. Wem oder was schreiben wir das Prädikat «böse» zu? Unter der Hand war schon im bisher Dargelegten die eine oder andere Erläuterung zum Wortgebrauch gegeben worden. Vorzugsweise, scheint mir, bietet sich als Äquivalent für «böse» das Wort «zerstörerisch» an. So schon bei Leibniz: «Un mauvais homme se plaît à faire souffrir et à detruire, et il n'en trouve que trop d'occasions.» Bekannte historische Beispiele sind die römischen Kaiser Caligula oder Nero, die «mehr Übles getan haben als ein Erdbeben».[10] Aus bösem Handeln erwachsen nach der Überzeugung des Philosophen physische Übel, Leiden an Körper und Seele – bei den Betroffenen und beim Übeltäter selbst. Leibniz kennt drei Sorten des Übels (mal, malum): das metaphysische, physische und moralische Übel. Das metaphysische besteht in der Unvollkommenheit, im Seinsmangel; das physische im Leiden; das moralische in der Sünde (péché) bzw. Schuld (culpa).[11] Wir beziehen heute im Allgemeinen den Ausdruck «böse» wie selbstverständlich auf die dritte Art von Übeln, verwenden ihn also vorzugsweise im ethischen Diskurs: Wer Böses tut, stellt die Ordnung und zwar die Ordnung des menschlichen Lebens und Zusammenlebens in Frage; der Gedanke, dass das physisch und metaphysisch Schlechte an der Geordnetheit der Natur und der Welt im Ganzen rüttelt, ist uns fremd geworden.

Wie aber steht es um die Wirklichkeit des Bösen? Für Leibniz, den Philosophen der Theodizee, ist das Gute in Gestalt der Ordnung durch das Böse oder Schlechte nicht wirklich bedroht. Denn, so schreibt er, «man muss bedencken, dass das böse nicht böse ist an sich selbst, sondern vor den der es gethan, und also die straffe zwar dazu gehöhre, aber dem ganzen nach, die Natur aus dem vermeinten bösen dergestalt das beste zubringen wisse, dass alles viel besser herauskomt als wenn es anders hehrgangen, sonst würde sie es auch gewiss nicht verstattet haben.»[12] Wer Böses tut, ist rechtlich

---

10 G. W. Leibniz: Essais de Théodicée sur la bonté de Dieu, la liberté de l'homme et l'origine du mal, I n. 26. Die philosophischen Schriften, hg. von C. J. Gerhardt (GP), VI,118; in der Übersetzung von A. Buchenau, Hamburg 1968, S. 113f.
11 Théodicée, I n.21. GP VI,115.
12 GP VII,121.

bzw. ethisch zu verurteilen, handelt aber zugleich – metaphysisch gesehen – in einem größeren Kontext, dem Kontext der von Gott geschaffenen «Natur», wo das Böse das Gute nicht eigentlich gefährden kann, sondern letztlich sogar zum Guten ausschlägt. Leibniz macht also das Schlechte und insbesondere das Böse, das menschlichem Wollen und Tun entspringt, diesen schlimmen Störfaktor, damit unschädlich, dass er ihm und ebenso den anderen Übeln eine 'Funktion' in der göttlich geordneten und damit «besten aller möglichen» Welten zuschreibt. Gott hat die Übel zugelassen, um in der von ihm geschaffenen Welt gesetzliche Ordnung mit größtmöglicher Mannigfaltigkeit zu verbinden: das metaphysische Übel der Unvollkommenheit, damit er überhaupt eine von ihm unterschiedene Welt schaffen konnte; das physische Übel, weil es einer durch Tätigkeit bestimmten Welt nicht ersparbar ist; das moralische Übel als Preis menschlicher Freiheit. So wenig überzeugend uns diese Denkstrategie emotional auch anmuten mag, so vertraut sind wir mit ihr doch in heiklen Lebenslagen, in denen es 'darauf ankommt'. Denn wem hat sich angesichts einer Strukturkrise im Finanzsektor, angesichts eines Unfalls oder einer schlimmen Tat nicht schon die Frage aufgedrängt, welchen (verborgenen) Sinn denn wohl diese Übel haben könnten. Mit der Suche nach einem solchen (verborgenen) Sinn aber unterstellen wir eine übergreifende, wenn auch weitgehend unerkannte Ordnung, von deren Existenz wir zehren, mögen wir es uns eingestehen oder nicht. Die philosophische Untersuchung dieser umgreifenden Ordnung wird als Metaphysik bezeichnet; sie hat ihr Äquivalent in einer auf dem religiösen Glauben an Gottes Schöpfungshandeln fußenden Theologie. Leibniz suchte beide Zugänge zur Deckung zu bringen.

Ganz anders Immanuel Kants metaphysikkritische Stellungnahme zum Bösen. Sie ist das Resultat einer auf selbstkritische Vernunft bauenden Aufklärung. Kant weist in seiner *Kritik der praktischen Vernunft* (1788) darauf hin, dass zur Übersetzung der lateinischen Worte «bonum» und «malum» im Deutschen zwei gesonderte Ausdrücke zur Verfügung stehen: lat. «bonum» kann sowohl das Gute wie das Wohl meinen, lat. «malum» sowohl das Böse wie das Übel bzw. Weh. «Das *Wohl* oder *Übel* bedeutet immer nur eine Beziehung auf unseren Zustand der *Annehmlichkeit* oder *Unannehmlichkeit*, des Vergnügens und Schmerzens […] Das *Gute* oder *Böse* bedeutet aber jederzeit eine Beziehung auf den *Willen*, sofern dieser durchs *Vernunftgesetz* bestimmt wird, sich etwas zu seinem Objekte zu machen.» Das Böse wird hier in naiver Parallele zum Guten ebenfalls als aus dem vernunftbestimmten Willen entspringend gedacht; wichtig ist aber vor allem die Trennung des physischen Übels vom moralischen: Kant bezieht das Erstere «auf den Empfindungszustand der Person», das Letztere hat mit unserem Willen und unseren Handlungen zu tun. Die metaphysisch beobachtete Unvollkommenheit der Welt im Ganzen spielt im Diskurs über das Böse gar keine Rolle mehr. «Böse» kann weder eine Sache noch ein menschlicher Zustand genannt werden, sondern nur die Art menschlichen Handelns, der subjektive Grundsatz menschlichen Wollens und «mithin die handelnde Person selbst» ('ein böser Mensch'). Dem Bösen als moralischem Übel ist damit jeder objektive oder natürliche Charakter aberkannt, es betrifft und gefährdet nicht mehr die Seins- oder natürliche Ordnung. Physische Unannehmlichkeiten, Schmerz und Tod, sind philosophisch – und das heißt für den geistigen Menschen, den Menschen als Vernunftwesen – irrelevant. Kant erinnert an den Stoiker,

> der in den heftigsten Gichtschmerzen ausrief: Schmerz, du magst mich noch so sehr foltern, ich werde doch nie gestehen, dass du etwas Böses (kakon, malum) seist! er hatte doch recht. Ein Übel war es, das fühlte er, und das verriet sein Geschrei; aber dass ihm dadurch ein Böses anhinge, hatte er gar nicht Ursache einzuräumen; denn der Schmerz verringert den Wert seiner Person nicht im mindesten, sondern nur den Wert seines Zustandes. Eine einzige Lüge, deren er sich bewusst gewesen wäre, hätte seinen Mut niederschlagen müssen [...].[13]

Es lässt sich kaum ein schlagenderer Beleg für die Abtrennung des Bösen vom (physischen) Übel finden. Das Böse wird in der menschlichen Willenssphäre verortet und damit metaphysischen Spekulationen entzogen.

Im Unterschied zu Kant wehrt sich der Theologe Ingolf U. Dalferth dagegen, die Kategorie des Bösen «auf das *moralisch Böse* zu beschränken, für das jemand Verantwortung trägt», und es so von den *natürlichen Übeln* abzugrenzen, «für die niemand konkret

---

13 Akad.-Ausg. Bd. V, 59f.

verantwortlich ist». Abgesehen davon, dass auch Handeln in guter Absicht böse Auswirkungen haben kann, muss Böses umfassender verstanden werden, als das in der Ethik der Fall ist. Dalferths Vorschlag geht dahin, den Begriff des Bösen vom Leiden der Betroffenen her zu definieren. «Im Leiden tritt Böses konkret als Übel in Erscheinung. Übel sind die konkreten Erscheinungsformen», in denen das Böse mit seiner destruktiven Macht ins Leben der Menschen einbricht: «als Unfall, Unglück, Unbill, Unrecht, Untat usf.» Die Wirklichkeit des Bösen besteht in einem derartigen Widerfahrnis und seiner Beurteilung als Erfahrung von Bösem. – Mit diesem Ansatz geht Dalferth zwar über die Ethisierung des Bösen bei Kant hinaus, bindet aber gleichwohl das Böse an menschliche Lebenserfahrung. «Für sich genommen und abgesehen davon, woran, wogegen und für wen es auftritt, lässt sich Böses nicht fassen.»[14]

Mythologische und theologische Erklärungen des Bösen

Erklärungen des Bösen richten sich meist auf seinen Ursprung: Woher das Böse (unde malum)? Darin schon drückt sich eine gewisse Beunruhigung aus, eine Beunruhigung angesichts der Sperrigkeit des Bösen gegenüber seiner theoretischen Durchdringung. Das Spektrum genetischer Erklärungen des Bösen ist allerdings sehr breit. Es reicht vom Mythos des Engelfalls über theologisch-metaphysische Konzeptionen oder ethische Erklärungen bis zur wissenschaftlichen Theorie infraspezifischer Aggression, d.h. der Hypothese der Fehlleitung eines an sich lebenswichtigen Instinkts, der nicht mehr das adäquate Ventil findet (K. Lorenz[15]).

Ich beginne mit dem Mythos vom Engelfall. Die Engel sind ein wesentliches Element der mittelalterlichen Ordnungsvorstellungen. Das gilt zunächst für die kosmische Ordnung. Der Engel tritt, als Glied in der Kette der geschaffenen Wesen, dem *horror vacui* ent-

---

14 Ingolf U. Dalferth: *Das Böse. Essay über die Denkform des Unbegreiflichen*, Tübingen 2006, S. 1–9, Zitate S. 2f. Vgl. auch Paul Ricœur: *Das Böse. Eine Herausforderung für Philosophie und Theologie*, Zürich 2006, S. 17ff., 54.
15 K. Lorenz: *Das sogenannte Böse. Zur Naturgeschichte der Aggression*, Wien 1963, München 1974.

gegen, und sichert so die Kontinuität in der Schöpfung – im Sinne der aktualisierbaren Möglichkeit des Rückbezugs der geschaffenen Wesen auf ihren Schöpfer. Man muss, lehrt Thomas von Aquin, unkörperliche Geschöpfe annehmen, weil sonst eine Lücke zwischen Gott und der von ihm geschaffenen Welt bestehen würde, die mit Gottes Vollkommenheit unvereinbar wäre. Die Engel, Wesen der reinen Einsicht, bilden die geistige Brücke zwischen Gott und den Menschen, mit der die Assimilation der Schöpfung an den Schöpfer ermöglicht wird.[16] Ähnlich argumentiert noch Marsilio Ficino in (neu)platonischer Tradition: Gott schafft zuerst den angelischen Geist (mente angelica), der, zunächst formlos und finster, sich «aus angeborenem Triebe» zu Gott zurückwendet und die Naturen der zu schaffenden Dinge empfängt.[17] In dieser kosmologischen Funktion wehrt der Engel gleichzeitig die Drohung des Bösen ab. Eine besonders heikle Mission. Wer eine Lücke füllen will, muss in sie hineinpassen. In die Kette der Seienden passen die Engel, indem sie geschaffene Geistwesen sind. Wie aber angesichts des Bösen? Will der Engel es auffangen und ihm wehren, muss er es auch repräsentieren, und nicht bloß im Sinne einer theoretischen Vergegenwärtigung, er muss das Böse – tun! Davon erzählt der Mythos vom *Engelfall*. Ohne Berücksichtigung der unterschiedlichen Überlieferungen lässt er sich zusammenfassend so wiedergeben.[18] Luzifer bzw. Satanael, der «Fürst dieser Welt», empört sich ob Gottes Plan, bei der Erschaffung der Welt dem Menschen unter allen Geschöpfen eine Ausnahmestellung zu geben; er empfindet das als Erniedrigung, ist neidisch, zweifelt an Gottes Weisheit. Die Empörung führt zu seinem Sturz, in den er ein Drittel der Engel, die sich ihm anschließen, mitreißt.

Die Botschaft der Geschichte lautet: Das Böse geht nicht auf ein dem Guten gleichrangiges Prinzip zurück, denn Luzifer ist ein geschaffenes Wesen. Es hat seinen Ursprung in Auflehnung, Er-

---

16 Thomas von Aquin: *Summa Theologica* I q. 50, art. 1.
17 Marsilio Ficino: *Über die Liebe oder Platons Gastmahl.* Übersetzt von Karl Paul Hasse, hg. und eingeleitet von Paul Richard Blum. Lat.-Deutsch, Hamburg 1984, orat. I, cap. II, S. 21.
18 Vgl. Alfons Rosenberg: *Engel und Dämonen. Gestaltwandel eines Urbildes*, 2., erw. Aufl., München 1986, S. 147ff.

hebung, superbia, ist also vom «Willen» abhängig. Das böse Tun von Menschen hat seine Quelle und Repräsentation in einem der menschlichen Geschichte vorgeordneten Geschehen, das mit der Weltschöpfung als solcher verknüpft ist.

Die andere Geschichte vom Ursprung des Bösen bietet die biblische Erzählung vom *Sündenfall.* Konzeptuell verarbeitet begegnet diese doppelte Erzählung in *Origenes'* Lehre von der doppelten Schöpfung, die besagt, dass die Schöpfung der zweiten, der sichtbaren Welt Reaktion ist auf den Abfall der angelischen Geister in der ersten, der geistigen Welt; und ebenso noch in *Franz v. Baaders* Lehre vom doppelten Sündenfall Luzifers und Adams.[19] Auch *Augustin* kennt diese narrative Tradition und arbeitet sie auf seine Weise in seine Schöpfungstheologie ein. Aber er geht von einer «Gemeinschaft zwischen Menschen und Engeln» aus,[20] trennt also auch nicht die Aussagen über das angelische und das menschliche Böse. Damit fallen das Motiv des Neids ob der Erschaffung der Menschen und überhaupt der Gedanke der doppelten Schöpfung bzw. der ontologischen Verdunkelung als Prozessgrund der (zweiten) Schöpfung weg. Das Böse wird ganz in den Willen, nicht in Natur gesetzt. Und im Unterschied zur Gnosis hypostasiert Augustin diesen Willen nicht, spricht vielmehr auch dem Teufel eine gute, wenngleich verderbte Natur zu. Die Schöpfung ist ihrer Natur (ihrem Wesen) nach gut; und zwar heißt «gut», wer oder was Gott anhängt.

Augustin begreift das Böse als Ordnungsproblem. Unde malum? Haben Unordnung, Zerstörung und Beeinträchtigung eine andere Quelle als die Ordnung – woher resultieren sie? Eine dualistische Position leugnet die Suprematie der Ordnung. Wie soll aber, wer nicht dualistisch denkt, in der Ordnung die Quelle der Unordnung finden können? Die Ordnung entspringt aus dem guten Prinzip und hat in ihm ihre Grundlage. Muss daneben ein böses Prinzip angenommen werden? Woher sonst die Unordnung des Bösen? Im 6. Kapitel des XII. Buchs von *De civitate Dei* fragt Augustin nach dem Ursprung des angelischen Hochmuts: «Woher der böse Wille der bösen Engel?» Er findet keine bewirkende Ursache. Der böse

---

19 Vgl. Christoph Schulte: *radikal böse. Die Karriere des Bösen von Kant bis Nietzsche*, München 1988, S.180ff.
20 A. Augustinus: *De civitate Dei* XII,1.

Wille ist nicht auf einen andern rückführbar. Ist er dann immer gewesen, d.h. dem guten gleichursprünglich? Er muss, wenn er überhaupt *sein* soll, jemandem angehören; das Wesen, dem er angehört, wird er verschlechtern – es ist also ursprünglich gut und der böse Wille nicht immer dagewesen. Neuerlich drängt sich die Frage nach der Ursache des Bösen auf: Ist sie etwas Nicht-Willentliches, Natur? Die Natur aber ist gut, taugt also nicht zur Erklärung des Bösen. Augustin resümiert diesen Diskurs so: «So frage mich niemand nach der bewirkenden Ursache des bösen Willens. Denn da gibt's keine bewirkende, sondern nur eine versagende, weil keine Wirkung, sondern nur Versagen».[21] Im Versuch einer genetischen Erklärung des Bösen schreibt Augustin die *privative* Natur des Bösen fest: Es ist nur als Abwesenheit des Guten zu begreifen.[22]

Augustins Erklärung des Bösen, die eher eine Absage an eine solche Erklärung darstellt, kann angesichts der fortgesetzten Bedrohung durch das Böse nicht befriedigen. Ich sehe nur eine Interpretation des Mythos vom Engelfall, die dieser Situation gerecht wird und Hoffnung lässt. Man muss die Entscheidung zum Guten oder Bösen dem Engel, wie er von Gott geschaffen ist, selbst einschreiben. Gott bindet den Engel an ein einziges unwiderrufliches Entweder-Oder.[23] Im Ursprung selbst liegt die Möglichkeit der Engel-Entscheidung. Die gut geschaffene Kreatur gerät vor die Freiheit der Wahl, weil sich nur darin die Intention des Schöpfers erfüllt. Das «natürliche Liebes-Gefühl für den Schöpfer» genügt diesem nicht. Der Engel muss sich zwischen der Liebe zum Schöpfer oder zu sich selbst, unabhängig von Gott, entscheiden. Es ist, wie Cacciari betont, die *ungeheure* Liebe zum «eigenen Licht», die den Sturz nach sich zieht.[24] Nicht erst der Mensch, schon der Engel besitzt die «reale und lebendige» Freiheit, d.h. nach Schelling das «Vermögen des Guten und des Bösen».[25] Heißt das nicht, dass

21 XII, 7.
22 Vgl. zusammenfassend Chr. Schulte, a.a.O., S.123ff.
23 Massimo Cacciari, L'*Angelo necessario*, Milano 1986; deutsch: *Der notwendige Engel*. Übersetzt von R. Kacianka, Klagenfurt 1987, S.104.
24 Ebd., S.101f.
25 F. W. J. Schelling: *Philosophische Untersuchungen über das Wesen der menschlichen Freiheit* (1809), zit. nach der Ausgabe von Horst Fuhrmans, Stuttgart 1983, S. 64 (= Sämmtliche Werke VII, S. 352).

der göttlichen, der guten Ordnung als solcher der Streit zwischen gut und böse eingeschrieben ist? Bevor diese alte und neue metaphysische Spur verfolgt werden kann, drängt es sich auf, der *ethischen* Theorie über den Ursprung des Bösen nachzugehen, die Kant bezeichnenderweise in seiner Religionsschrift entwickelt hat.

Der Versuch einer ethischen Erklärung des Bösen

Wir sprechen von bösen Menschen, bösen Handlungen, bösen Maximen, einem bösen Herz u.a.m. Für Kant sollten Menschen nur dann «böse» genannt werden, wenn sie aufgrund böser Maximen, d.h. böser subjektiver Grundsätze, handeln. Das Attribut «böse» soll keinesfalls der *Natur* des Menschen zugeschrieben werden, oder doch nur in dem Sinne, dass darunter «der subjektive Grund des Gebrauchs seiner Freiheit» verstanden wird. Als solch subjektiver Grund kann wiederum nur ein freier Akt gelten, sonst wäre keine moralische oder strafrechtliche Zurechnung einer bösen Handlung möglich. Das Böse geht demnach auf einen freien Akt zurück, nicht etwa auf einen natürlichen *Trieb*. Dieser freie Akt besteht im Unterschied zur triebhaften Handlung in der Annahme einer Regel, der ich im Gebrauch meiner Freiheit folge, und eine solche Regel heißt bei Kant «Maxime». Die Suche nach dem Grund des Bösen geht damit über in die Suche nach dem «ersten Grund der Annehmung [...] böser (gesetzwidriger) Maximen».[26]

Das Böse gewinnt für Kant erst mit dieser Frage nach dem ersten Grund böser Maximen Virulenz. Seine Ethik war auf die Bestimmung des *Guten* im Sinne der Erarbeitung eines *Begriffs* des Guten ausgerichtet, dem «das Böse» als abstrakte Negation gegenüberstand.[27] Gut sei allein ein Wille, und zwar der – dank der allgemeinen Gesetzmäßigkeit der jeweiligen Maxime – vernunftbestimmte Wille. Ob man je einen empirischen Nachweis für einen derart guten Willen beibringen könnte, bezweifelte selbst Kant, erklärte

---

26 I.Kant: *Die Religion ...* (s. Anm. 3), Akad.-Ausg. Bd. VI, S. 21.
27 Hermann Schrödter: *Zwischen intelligibler Tat und Sprachereignis: Das Böse als philosophisches Problem im Deutschen Idealismus und in der Analytischen Philosophie*, in: Philosophisches Jahrbuch 99 (1992) S. 51–73, S. 52.

sich aber daran und damit an der pragmatischen Glaubwürdigkeit seiner Ethik weitgehend desinteressiert.

Das Studium des Bösen in Gestalt böser Maximen zeigt eine veränderte Einstellung. Kant konfrontiert sich mit dem Problem der *Wirklichkeit* sittlichen Handelns. Wie kommt es dazu, dass wir nicht gemäß moralischen Normen, zuoberst gemäß dem kategorischen Imperativ, handeln? Liegt es an unserer Triebnatur? Nein, sagt Kant, wer der sittlichen Verpflichtung zuwider handelt, tut das aus Freiheit. Aber was führt ihn dazu? Kant antwortet: Menschen haben einen *Hang* zum Bösen. Dieser Hang ist kein Trieb, denn er ist der Gattung Mensch nicht angeboren, jeder hat ihn sich individuell zugezogen. Mit diesem von Kant postulierten Hang zum Bösen erscheint im Zentrum des menschlichen Freiheitsgebrauchs ein *moralfeindliches* Element. Hang und Freiheit – das scheint sich allerdings zu widersprechen. Kant muss diesen Widerspruch mit allen theoretischen Mitteln auflösen. Er verwickelt sich dabei in einen Denkkrampf sondergleichen. Ich deute ihn an, um vor Augen zu führen, welche Probleme auch die begriffliche Erfassung des *moralisch* Bösen bereitet. Wenn der Hang, so argumentiert Kant, ein moralisch relevanter Faktor sein soll, muss er *Tat* sein, als Hang aber wiederum Tat vor jeder Tat, eine Tat, die nicht in die Zeit fällt, ein philosophisch reinterpretierter *Sündenfall*. Er nennt diesen «natürlichen» und doch nicht natürlichen, weil selbstverschuldeten Hang zum Bösen das *radikal* (wurzelhaft) *Böse* in der menschlichen Natur. Es wirkt sich dahin aus, dass der Mensch die «sittliche Ordnung» verkehrt, nämlich das moralische Gesetz der Selbstliebe unterordnet. Nicht die Selbstliebe als solche macht freilich das moralisch Böse aus, sondern ihre positive *Bewertung*. Man zieht sie dem Handeln gemäß dem kategorischen Imperativ vor. Die Analogie zur Empörung Luzifers gegenüber Gott im Mythos vom Engelfall ist augenfällig. Der «Vernunftursprung» des Hanges zum Bösen – der als Ursprung allein relevant wäre – bleibt wie schon für Augustin «unerforschlich». Die ursprüngliche Anlage des Menschen ist eine zum Guten: «für uns ist also hier kein begreiflicher Grund da, woher das moralische Böse in uns zuerst gekommen sein könne». Diese Unbegreiflichkeit werde in der Bibel so zum Ausdruck gebracht, dass sie das Böse dem Menschen in Luzifer, «in einem Geiste von ursprünglich erhabnerer Bestimmung voranschickt», so aber als für uns unbegreiflich darstellt und den Menschen durch *Verführung* ins Böse fallen lässt.[28]

Im Kern des moralischen Freiheitsgebrauchs tritt bei Kant, so fasse ich zusammen, ein Störfaktor auf, ein *diabolos*, ein Teufel, der eine Verkehrung der sittlichen Ordnung bewirkt bzw. darstellt. In seiner Unergründlichkeit ist er Indiz eines Risses, der auch den Versuch einer moralischen Letztbegründung autonomen Menschseins durchzieht.

Der Rückweg in den metaphysischen Diskurs des Bösen

In seinen *Philosophischen Untersuchungen über das Wesen der menschlichen Freiheit* von 1809 sucht F. W. J. Schelling das Manko einer ethischen Erklärung des Bösen zu korrigieren. Er definiert zu diesem Zweck Freiheit als das Vermögen des Guten *und* des Bösen, anerkennt also anders als Kant von vornherein, dass der menschliche Gebrauch der Freiheit grundsätzlich ambivalente Züge aufweist. Ich will nun diese Definition der Freiheit und Schellings Schrift im Ganzen nicht so sehr im Blick auf ihren Beitrag zur «Positivierung» des Bösen[29] als vielmehr als Markstein bei der Überführung des ethischen Diskurses über das Böse in den *metaphysischen Diskurs des Bösen* interpretieren.

Dabei zeichnen sich im Begriff des Bösen zunächst Gemeinsamkeiten zwischen Kant und Schelling ab. Auch für diesen besteht das Böse in der «Erhebung des Eigenwillens» bzw. in der Verkehrung der Ordnung von Einzel- und Allgemeinwillen. Diese Verkehrung wird nun allerdings nicht mehr als grundlose Tat eines unmoralisch handelnden Menschen (Adam) in Ansatz gebracht. Sie beruht vielmehr auf der Erregung des göttlichen Grundes, die in die Entzweiung von Gut und Böse führt. Bemerkenswerterweise lässt also Schelling Gut *und* Böse in Gott begründet sein. Beide sind gleichursprünglich, auch das Böse ist in Gott ein Positivum. Der Grund des Bösen kann keineswegs im Mangel an Gutem gesucht

---

28 Zitate nach der Akad.-Ausg. Bd. VI, S. 31f., 43f.
29 Vgl. Odo Marquard: (Art.) Malum I, in: *Historisches Wörterbuch der Philosophie*, Bd. V, Sp. 655; Anton Hügli: (Art.) Malum VI.3, ebd., Sp. 693ff.

werden, sondern er muss im Urwillen des ersten Grundes selbst liegen.[30] Um das Böse *wirklich* werden zu lassen, bedarf es allerdings der Tat des Menschen, einer Tat oder Entscheidung, in der sein Wesen besteht.[31] Es ist nicht die Entscheidung für ein Gutes *oder* Böses, sondern der tathafte Grund solcher Entscheidungen, mit dem der Mensch ein Wesen der Freiheit zum Guten *und* Bösen wird.

Nochmals: Das Böse ist an die Kreatur gebunden, insofern erst in und mit dieser der Urgrund «aufgeht» und so zur Scheidung zwischen gut und böse führt. Das Böse tritt mit dem *Menschen* in der ursprünglichen Schöpfung auf (und nicht schon in Luzifers Fall). Die Entscheidung für Gut oder Böse ist die geistige Tat, mit der der Mensch – vorzeitlich – zum Menschen wird. Was bedeutet es also bei *Schelling*, dass das Böse der menschlichen Tat zugerechnet wird? Es bedeutet, dass es nicht der Sinnlichkeit oder Leiblichkeit des Menschen, sondern (wie schon bei Kant) seiner *Vernunft*, seinem Geist entstammt; dass es nicht in der menschlichen «Natur» seinen Ursprung hat, wiewohl die menschliche Natur im theosophischen Sinne in die Verkehrung des Willens einbezogen ist; dass es als selbstische Erhebung, Erhebung des Eigenwillens zum herrschenden, dem Werdeprozess Gottes zugerechnet werden kann, ohne dass nun noch nach einer *Rechtfertigung* Gottes, nach einer Theodizee, Bedarf bestände.

Für Kant gab es keine Möglichkeit, das Teuflische philosophisch anzusprechen oder gar zu begreifen; bei Schelling führt das vernünftige Begreifen des Bösen vor eine reelle Macht, die die Freiheit des Menschen gefangennimmt und so einen destruktiven Willen immer wieder schrankenlos zu machen droht.[32] Der Preis dieser «Positivierung» des Bösen ist aber, wie Schellings Spätphilosophie klarstellt, das Zugeständnis, dass die vernünftige Wahrheit über das Böse nicht ohne *Offenbarung* zu haben ist.[33] Gott kann nicht wollen,

---

30 A.a.O. (Anm. 25) S. 83 (= SW VII, 368f.); Hervorhebung von mir.
31 Ebd., S. 102 (= SW VII, 385).
32 Vgl. die gegen die Privationsthese gerichtete Bemerkung Schellings (a.a.O., S. 83 = SW VII, 368): «Der Teufel nach der christlichen Ansicht war nicht die limitierteste Kreatur, sondern vielmehr die illimitierteste.»
33 Vgl. F. W. J. Schelling: *Philosophie der Offenbarung*, Darmstadt 1974, Bd. II, S. 4.

«dass das Böse verborgen bleibe».³⁴ Das «menschliche Bewusstsein, wie es jetzt ist», steht in diesem Offenbarungsprozess, ohne der dem Prozess zugehörigen Entbergung des Bösen gewachsen zu sein. Bei aller Gleichursprünglichkeit von Gut und Böse dient auch diese theologisch verstandene Entbergung des Bösen seiner Überwindung: Das Böse soll «von dem Guten geschieden, um auf ewig in das Nichtsein verstoßen zu werden».³⁵

Die philosophische Unbegreiflichkeit des Bösen

Ausgangspunkt für jeden Versuch, auf ein philosophisches Begreifen des Bösen hinzuarbeiten, sind die überwältigenden Erfahrungen, die mit ihm in Geschichte und Gegenwart zu machen sind: von Folterungen, Vertreibungen, Einzel- und Massenmorden über systemimmanente Formen von Destruktivität bis zu «Hitler in uns selbst» und den 'kleinen' Bösartigkeiten des Alltags. Für solche Erfahrungen macht sich, insbesondere bei unmittelbarem Erleben, das Postulat einer «Sinnfindung» geltend: Wir bedürfen eines Horizontes, um derartige Einbrüche des Bösen auch nur 'theoretisch' einordnen zu können. Es gibt dabei Erfahrungen, die schlechthin überwältigend und nicht zu verarbeiten sind, die blankes Entsetzen auslösen. Das «Teuflische», das wir in solchen Fällen am Werk sehen, ist vormodern in der Gestalt des Teufels personifiziert worden – darin zugleich repräsentiert und gebannt. Durch Personifizierung und Symbolisierung konfrontiert sich der Mensch mit dem Bösen und setzt so zu einem bewältigenden Umgang mit dem Überwältigenden an. Andererseits ist der Teufel eine der symbolischen Gestalten, die anschaulich einprägsam halten, dass wir dem, was sie verkörpern, in der direkten Begegnung nicht standhalten könnten. Wo Theologie und Philosophie auf den mythischen Vergegenwärtigungen aufbauen, versuchen sie den Prozess der Bewältigung weiterzutreiben.

Philosophie stößt hierbei auf die Schwierigkeit, ihrem Gegenstand, dem Bösen, in eigentümlicher Art selbst nicht gewachsen zu sein. Und zwar zum einen in formaler Hinsicht, indem allein schon

---

34 Ebd., S. 262.
35 Ders., *Philosophische Untersuchungen*, S. 125 (= SW VII, 404).

die theoretisch-logische Form des Zugangs als solche der Erfahrung des Bösen nicht zu entsprechen vermag, weil Theorie selbst dank der ihr eigenen Ordnung «gut» ist.[36] Zum anderen in inhaltlich-begrifflicher Hinsicht, sodass sie das Böse entweder systematisch – etwa zu einem bloßen Mangel an Gutem – herabsetzen, schwächen, verharmlosen muss oder von seinem faktischen Auftreten überrannt wird. Das Letztere passiert den Theodizeen des 18. Jahrhunderts; es widerfährt aber auch Kant, indem ihn der Zugriff auf das Böse in eine Denkbemühung verstrickt, in der die Voraussetzungen seiner eigenen Ethik untergraben werden. Am weitesten gelangt Schelling mit seinem spekulativen Nachvollzug des Werdens Gottes. Doch wird diese Konzeption auch der Erfahrung des Bösen auf der «episodischen Ebene der Einzelschicksale»[37] gerecht?

Als Konsequenz solcher Erfahrungen mit der philosophischen Theorie des Bösen scheint es sich aufzudrängen, mit Hilfe biologischer, neurowissenschaftlicher, gesellschaftstheoretischer oder sprachkritischer Problemreduktionen jedwede gedankliche Bemühung um das Böse für obsolet zu erklären. Doch eine Verdrängung des Bösen aus unserer sinnlichen und geistigen Wahrnehmung kann nach aller Erfahrung nur seinen neuerlichen Einbruch befördern – mit umso schrecklicheren Folgen, je unerkannter es dank unserer künstlich erzeugten Naivität aufzutreten vermag. Es bietet sich an, die in Europa in den 1990er Jahren zu beobachtende Hilflosigkeit angesichts der Greuel und Schrecken des Krieges in Jugoslawien auch als eine Folge dieser Verdrängung einzuschätzen, ebenso die verhängnisvolle Resignation der letzten Jahre gegenüber dem Krieg in Syrien. Wohl vermag Philosophie in diesen Situationen nicht die Perspektive eines Endes der Geschichte des Bösen vorzugeben. Aber so viel auch «die medizinische, pharmazeutische, moralische, rechtliche, politische, ökonomische oder technische Eindämmung von Übeln, die Leiden schaffen», bewirkt hat, «so gewiss wäre es ein Irrtum zu meinen, die Konkretionen im Kampf gegen Leiden und Übel [...] böten eine bessere Alternative für alle

---

36 Inwieweit das auch für das «böse Kunstwerk» gilt oder ob in der Literatur und Kunst eine vollkommenere, von der «Form» nicht behinderte Annäherung an das Böse möglich ist, bleibt weiter zu reflektieren.
37 J.-C. Wolf, a.a.O. (Anm. 7), S. 30.

Aspekte dessen, was Religionen zur Deutung von Leiden und zum Umgang mit Übeln und Bösem im Leiden zu sagen haben»[38] – und nicht nur Religionen, sondern gerade auch Philosophie. Die philosophische Denkarbeit am Problem des Bösen erinnert daran, dass sich das im Leiden begegnende Böse durch Wissenschaft und Technik nicht zureichend angehen noch gar überwinden lässt. Das bedeutet nicht nur, diese Arbeit trotz ihrer eklatanten Schwierigkeiten weiterzuführen, sondern vor allem auch, sie dabei gegen exklusive Vereinnahmungen offen zu halten. Derartige Tendenzen treten innerhalb der Philosophie zum Beispiel dort auf, wo das Böse zu einem ausschließlichen Problem der Ethik erklärt wird. Dabei erweisen sich gerade ethische Diskurse, ob sie nun auf Pflichten, Interessen oder Verantwortung für Handlungsfolgen bauen, strukturell als überfordert, wenn sie sich diesem Thema stellen. Das Böse psychologisch als Krankheit zu deuten, verfehlt den Aspekt der Wahl oder freien Entscheidung. Die «Macht des Bösen» durchkreuzt aber auch den guten Willen, das gute Leben, den guten Menschen: Man muss nur an moralischen Fanatismus und Tugendterror denken. Die Möglichkeit des Bösen ist nicht ethisch, ja überhaupt nicht rational abzuarbeiten. Selbst die Welt der Mythen ist, worauf Paul Ricœur hingewiesen hat, «schon eine zerbrochene Welt».[39] Die Mythen erzählen von Engeln und Teufeln; sie geben uns damit zu *denken*, ohne in unseren Gedanken und ihrer Logik des Guten und Bösen aufzugehen, ohne sich insbesondere in eine «ethische Anschauung des Bösen» einfachhin übersetzen zu lassen. Dem hat Ricœur mit der Ausarbeitung einer spezifischen Hermeneutik, einer «schöpferischen Sinninterpretation» für die Symbolik des Bösen Rechnung zu tragen versucht, die er mit der Reflexion über die «Fehlbarkeit des Menschen» zusammenführt und so den ethischen in einem religiös-anthropologischen Diskurs des Bösen überschreitet.[40] Der Reflexion, die sich ohne Mythos und

---

38 I. U. Dalferth, a.a.O. (Anm. 14), S. 72f.
39 Paul Ricœur: *Phänomenologie der Schuld. I: Die Fehlbarkeit des Menschen*, 2.Aufl., München 1989, S.15.
40 Vgl. Gonsalv Mainberger: «Die Freiheit und das Böse. Diachronische und synchronische Lektüre der Werke von Paul Ricœur», in: Freiburger Zeitschrift für Philosophie und Theologie 19 (1972), S.410–430.

Symbol rein «im Dienst der Rationalität» vollzieht, «ist das Verständnis des Bösen verschlossen». Hier gibt das Symbol zu denken. «Das Symbol gibt: eine durch die Mythen belehrte Philosophie findet sich an einem gewissen Punkt der Reflexion ein, und sie will, über die philosophische Reflexion hinaus, auf eine gewisse Situation der modernen Kultur antworten.»[41]

Diese Antwort muss auf der Anerkennung der letztlich unerklärlichen Präsenz des Bösen auch in der besten aller möglichen Welten aufbauen. Nur wo diese Alternative zum theoretischen Ausschluss des Bösen im alltäglichen Bewusstsein lebendig ist, besteht eine Aussicht, die verderblichen Wirkungen des Bösen theoretisch und praktisch eingrenzen zu können. Wenn Zweifel auftauchen, ob eine philosophisch-weisheitliche Haltung dafür ausreichend ist, lohnte es sich wohl, eine andere geistige Ressource in Betracht zu ziehen: mit dem Unwissen über den Ursprung des Bösen und dem praktischen Kampf gegen das Böse der *spirituellen Klage* Raum zu geben.[42] So tritt Hiob angesichts seines schweren Leidens in einen harten, nichts beschönigenden Dialog der klagenden Auseinandersetzung mit Gott ein. Wo sich dabei die Klage, gespeist von der «Ungeduld der Hoffnung», zur Anklage gegen Gott auswächst, bezeugt sie zugleich, dass der Glaube an Gott trotz des unerklärlichen Bösen möglich ist; Hiob verliert das allein Sinn verbürgende Vertrauen zu Gott nicht.

Das metaphysische und ethische Denken der Philosophie hat angesichts des Bösen und dessen Ursprungs nochmals seine 'trostlose' Seite gezeigt. Es hält zwar die Dimension der 'letzten' Fragen offen, gibt aber auf sie keine zweifelsfreien Antworten. Die gesuchte Wahrheit bleibt relativ und hypothetisch. Führen die geistigen Ressourcen Glaube und insbesondere Hoffnung, verstanden als philosophische Haltungen, weiter?

---

41 *Phänomenologie der Schuld. II: Symbolik des Bösen*, 2.Aufl., München 1988, S. 395f.
42 P. Ricœur: *Das Böse*, a.a.O. (Anm. 14), S. 55ff.

VII Hoffnung und Wahrheit

Zu Aphorismus 61 der *Minima moralia*
Theodor W. Adornos[1]

«Für jetzt bleiben Glaube, Hoffnung, Liebe, diese drei; doch am größten unter ihnen ist die Liebe.» So schreibt Paulus am Ende des Kapitels 13 seines ersten Briefes an die Korinther. Und am Anfang des Kapitels heißt es: «Wenn ich in den Sprachen der Menschen und der Engel redete, hätte aber die Liebe nicht, wäre ich ein dröhnendes Erz oder eine lärmende Pauke.» Muss man sich das auch gesagt sein lassen, wenn man sich in der Sprache der Philosophie äußert? In der Tat, denn sogar bei der Arbeit an metaphysischen Problemstellungen ist nur selten von Liebe die Rede – wohl aber von Glaube und Hoffnung.

---

1 Der Text lautet: Berufungsinstanz. – Nietzsche hat im Antichrist das stärkste Argument nicht bloß gegen die Theologie, sondern auch gegen die Metaphysik ausgesprochen: dass Hoffnung mit Wahrheit verwechselt werde; dass die Unmöglichkeit, ohne ein Absolutes zu denken, glücklich zu leben oder überhaupt nur zu leben, nicht für die Legitimität jenes Gedankens zeuge. Er widerlegt den christlichen «Beweis der Kraft», dass der Glaube wahr sei, weil er selig mache. Denn «wäre Seligkeit – rechnerischer geredet, Lust – jemals ein Beweis der Wahrheit? So wenig, dass es beinahe den Gegenbeweis, jedenfalls den höchsten Argwohn gegen 'Wahrheit' abgibt, wenn Lustempfindungen über die Frage 'Was ist wahr?' mitreden. Der Beweis der 'Lust' ist ein Beweis für 'Lust' – nicht mehr; woher um alles in der Welt stände es fest, dass gerade wahre Urteile mehr Vergnügen machten als falsche und, gemäß einer prästabilierten Harmonie, angenehme Gefühle mit Notwendigkeit hinter sich drein zögen?» (Aph. 50). Aber Nietzsche selber hat den amor fati gelehrt, «du sollst dein Schicksal lieben». Das, heißt es im Epilog der Götzendämmerung, sei seine innerste Natur. Und es wäre wohl die Frage zu stellen, ob irgend mehr Grund ist, das zu lieben, was einem widerfährt, das Daseiende zu bejahen, weil es ist, als für wahr zu halten, was man sich erhofft. Führt nicht von der Existenz der stubborn facts zu deren Installierung als höchstem Wert der gleiche Fehlschluss, den er [Nietzsche] dem Übergang von der Hoffnung zur Wahrheit vorwirft? Wenn er die «Seligkeit aus einer fixen Idee» ins Irrenhaus

Der philosophische Glaube

Nur in Form eines knappen Hinweises war bisher ein «philosophischer» *Glaube* in Gestalt des «praktischen Vernunftglaubens» erwähnt worden, bei Kant die letzte Bastion einer positiven Einlösung unseres metaphysischen Bedürfnisses (Kap. III). Ich stelle dieser Konzeption *Karl Jaspers'* Bestimmung eines von ihm selbst so genannten «philosophischen Glaubens» an die Seite.[2] Dieser Glaube speist sich weniger aus einem unerfüllt gebliebenen metaphysischen Bedürfnis als aus den Nöten menschlicher Existenz. Sein Inhalt ist das «Umgreifende», das alle Spaltungen, in denen wir denken und leben, Umspannende. Jeder von uns trifft auf das ihn umgreifende Sein, wenn er sich auf sein Dasein besinnt, das immer mehr ist, als er von ihm erfassen kann, das somit auf Transzendentes verweist (21). Der philosophische «Glaube ist das Leben aus dem Umgreifenden, ist die Führung und die Erfüllung durch das Umgreifende» (22). Glaube hat also für Jaspers keinen festen Inhalt, er bewegt und erneuert sich vielmehr in der jeweiligen geschichtlichen Kon-

---

verweist, so könnte man den Ursprung des amor fati im Gefängnis aufsuchen. Auf die Liebe zu Steinmauern und vergitterten Fenstern verfällt jener, der nichts anderes zum Lieben mehr sieht und hat. Beide Male waltet die gleiche Schmach der Anpassung, die, um nur überhaupt im Grauen der Welt aushalten zu können, dem Wunsch Wirklichkeit zuschreibt und dem Widersinn des Zwangs Sinn. Nicht weniger als im credo quia absurdum kriecht Entsagung im amor fati, der Verherrlichung des Allerabsurdesten, vor der Herrschaft zu Kreuz. Am Ende ist Hoffnung, wie sie der Wirklichkeit sich entringt, indem sie diese negiert, die einzige Gestalt, in der Wahrheit erscheint. Ohne Hoffnung wäre die Idee der Wahrheit kaum nur zu denken, und es ist die kardinale Unwahrheit, das als schlecht erkannte Dasein für die Wahrheit auszugeben, nur weil es einmal erkannt ward. Hier viel eher als im Gegenteil liegt das Verbrechen der Theologie, gegen das Nietzsche den Prozess anstrengte, ohne je zur letzten Instanz zu gelangen. An einer der mächtigsten Stellen seiner Kritik hat er das Christentum der Mythologie geziehen: «Das Schuldopfer, und zwar in seiner widerlichsten, barbarischsten Form, das Opfer des Unschuldigen für die Sünden der Schuldigen! Welches schauderhafte Heidentum!» (Der Antichrist, Aph. 41) Nichts anderes aber ist die Liebe zum Schicksal als die absolute Sanktionierung der Unendlichkeit solchen Opfers. Der Mythos trennt Nietzsches Kritik an den Mythen von der Wahrheit.

2 Karl Jaspers: *Der philosophische Glaube* (1947), Frankfurt/M. 1958 (Fischer Bücherei 249); die folgenden Zitate und Belege nach dieser Ausgabe.

stellation unseres Lebens im transzendenten Raum des Umgreifenden, der recht eigentlich der Raum der Vernunft ist. «Vernunft ist das Band aller Weisen des Umgreifenden.» Der Philosophierende preist nicht Gott, sondern die Vernunft, «durch die er tut, was ihm gelingt» (43). Was uns umgreift und durch Vernunft erfassbar ist, lässt sich nicht als Objekt fixieren. Das transzendente Sein kommt nur in primär vieldeutigen Chiffren zur Erscheinung, die ihre jeweilige Bedeutung erst durch existentielle Aneignung bekommen. Vor allem wendet sich Jaspers gegen jede dogmatische Fixierung. Zwar können im Raum des Umgreifenden durchaus philosophische Glaubensgehalte formuliert werden wie «Gott ist» oder «es gibt die unbedingte Forderung» (32). Diese Sätze bleiben jedoch «in der Schwebe des Nichtgewusstseins» (36). Sich in dieser Schwebe zu halten, soll nach Jaspers vor den «großen Verführungen» bewahren, die vom religiösen Glauben ausgehen (43). Er anerkennt, dass der philosophische Glaube seinen geschichtlichen Grund in der biblischen Religion hat, prangert aber sofort deren «Entgleisungen» insbesondere in der «Christusreligion» an (90).

Wo wären bei Anerkennung grundlegender Differenzen Gemeinsamkeiten zwischen philosophischem und christlichem Glauben auszumachen? Auf Inhalte bezogen könnte eine wesentliche Gemeinsamkeit in elementarer Gotteserkenntnis gesehen werden, die auch der menschlichen Vernunft zugetraut wird. Doch dagegen spricht zweierlei. Einerseits bestätigt die Rede von einem philosophischen Vernunftglauben gegen den Anschein gerade die Trennung von Vernunft und Glaube, denn der philosophische Glaube an Gott tritt an die Stelle einer Erkenntnis Gottes, eines Wissens von Gott, das der Vernunft nicht mehr zugetraut wird. Andererseits ist der Gott der Philosophen nicht der Gott des religiösen Glaubens (wie auch die Unsterblichkeit der Seele nicht die Basis des Glaubens an das ewige Leben und selbst die unbedingte moralische Forderung nicht identisch ist mit dem christlichen Liebesgebot).

Und doch sehe ich eine innere Verbindung zwischen dem philosophischen und dem christlichen Glauben. Sie besteht darin, dass beide Glaubensweisen Antwort auf eine Frage sein wollen, die vorweg gestellt ist, die Frage: «Hat das Leben einen Sinn?». Die Gemeinsamkeit ist in der Suche nach einer Antwort auf diese Frage zu finden. Papst Johannes Paul II. war überzeugt: «Es kommt für alle der Zeitpunkt, wo sie, ob sie es zugeben oder nicht, das Bedürfnis haben, ihre Existenz in einer als endgültig anerkannten Wahrheit zu verankern, welche eine Gewissheit vermittelt, die nicht mehr dem Zweifel unterworfen ist [...] Man kann also den Menschen als den definieren, der nach *der Wahrheit sucht*.»[3] Die menschliche Grundsituation der Wahrheitssuche bildet den Ausgangspunkt für beide, den philosophischen wie den christlichen Glauben, so sehr sich im Ergebnis ihre Wahrheitsangebote der Form und dem Inhalt nach voneinander unterscheiden. Auf dem Weg der Wahrheitssuche zu sein – nur das haben Philosophie und christlicher Glaube gemeinsam. Wie beide diesen Weg begehen, das unterscheidet sie: 'alles in der Schwebe halten' gegen 'alles auf Vertrauen setzen'.

Befriedigt ein philosophischer Glaube unser metaphysisches Bedürfnis? Er bietet sich als existenzielle Haltung an, für welche die große Sinnfrage in der Schwebe bleibt, nicht aber als Ersatz für ein wie immer beschaffenes Wissen. Steht es mit dem Erkenntnisgehalt der *Hoffnung* besser? Könnte das «Prinzip Hoffnung» (Ernst Bloch) gegen die drohende Sinnleere aufkommen? Wie täte sie das und mit welchen Konsequenzen?

Hoffnungen

Nach dem Zweiten Weltkrieg war Hoffnung angesagt. In der ostdeutschen Kleinstadt, in der ich aufwuchs, hoffte man, wie andernorts auch, auf eine Besserung der Verhältnisse, nachdem das Schlimmste überstanden war, wie man so sagte: Frau S. hoffte, dass ihr Mann – Amtsgerichtsrat am Ort – bald aus der russischen Kriegsgefangenschaft heimkehren würde; Frau M., dass sie überhaupt ein Lebenszeichen von ihrem seit 1943 als vermisst gemeldeten Mann bekäme; Ladenbesitzer hofften, dass die Verstaatlichungswelle an ihrem Geschäft vorübergehen würde; Parteiaktivisten setzten hingegen ihre ganze Hoffnung auf den nunmehr eingeschlagenen Weg zum Sozialismus; mein Vater hoffte gemeinsam mit den auf Besuch weilenden Schwägern, dass die Russen bald abziehen, dass die Sowjetunion einer Wiedervereinigung zustimmen

---

3 Johannes Paul II.: *Glaube und Vernunft. Fides et Ratio*, Stein am Rhein 1998, S. 32 (Art. 27f.).

würde und so weiter – was man politisierend eben so hofft. Nur der Augenarzt R. hoffte, wie ich beobachten zu können glaubte, nicht. Bei ihm empfing ich erste, über das schulisch zu erwerbende Wissen weit hinausgehende Belehrung; er führte mich auch in sternenklaren Nächten vor die Stadt zur Beobachtung des bestirnten Himmels. Auf den Rückwegen von dieser mehrmals unternommenen Exkursion versicherte er mir wiederholt, dass es einen dritten Weltkrieg geben müsse und dass er nahe bevorstehe.

Der Mann von Frau S. ist 1954 aus der Kriegsgefangenschaft zurückgekommen und wenige Wochen danach gestorben; der Mann von Frau M. hat sich nicht mehr gemeldet und musste für tot erklärt werden; die Umwandlung der Privatgeschäfte in HO-Läden hatten (fast) alle Ladenbesitzer über sich ergehen zu lassen; der Sozialismus brachte nicht das Erhoffte; die Russen zogen sich nur in ihre Militärstützpunkte zurück und schienen sich dort für die Ewigkeit einzurichten, das sowjetische Imperium konsolidierte sich und mit ihm die Zweiteilung Deutschlands. Die Hoffnung auf Veränderung bzw. Verbesserung der immer grauer werdenden politischen Verhältnisse wurde zunehmend so illusorisch wie die Hoffnung von Frau M. auf Rückkehr ihres Mannes aus dem Krieg. Der erwartete dritte Weltkrieg fand jedoch auch nicht statt. Schließlich sind inzwischen alle gestorben, an die ich eben erinnert habe, die einen mit der Hoffnung auf ein neues Leben nach dem Tod, die anderen ohne sie. Auf seine eigene Unsterblichkeit hat, glaube ich, niemand von ihnen gehofft.

Die Beispiele, mit denen ich meine Überlegungen zum Verhältnis von Hoffnung und Wahrheit einleite, sollen den Ton vorgeben, in dem m.E. dieses Verhältnis bedacht werden muss, wenn man nicht von vornherein vorhat, sich apokalyptisch einzustellen oder sich enthusiastisch von Hoffnungen bezüglich der philosophischen Tragweite der Hoffnung forttreiben zu lassen.

Werden Hoffnungen, die sich nicht erfüllen, dadurch unwahr? Das kann man weiß Gott nicht sagen. Eher ließe sich, wenn man es mit der Rede von der Wahrheit nicht so genau nimmt, sagen: Hoffnungen, die sich erfüllen bzw. erfüllt haben, werden unwahr. Aber das bedarf nun eben einer Präzisierung. Generell sind wir hoffend darauf bezogen, dass das Erhoffte eintritt. Geschieht das, so bedarf es keiner Hoffnung mehr. Tritt das Erhoffte *nicht* ein, so sind zwei Fälle zu unterscheiden. Hat das Ereignis stattgefunden, etwa eine Prüfung, auf dessen 'guten' Ausgang sich die Hoffnung richtete, so gibt es nichts mehr zu hoffen, ob sich nun die Hoffnung erfüllt hat oder nicht. (Dass die Hoffnung auf ein weiteres, dem Ersten ähnliches Ereignis, etwa die Wiederholung der Prüfung, umgelenkt werden kann, ist für die theoretische Erörterung unerheblich.) Anders steht es im Falle des vermissten Herrn M., der auch 20 Jahre nach Kriegsende nicht wieder aufgetaucht ist: Die Hoffnung auf seine Rückkehr wird im Laufe der Zeit immer mehr *schwinden*, aber wohl nie vollständig aufgegeben werden, es sei denn, die sterblichen Überreste von Herrn M. würden gefunden und zweifelsfrei identifiziert. Anders steht es auch im Falle einer nicht auf ein bestimmtes, zeitlich abgegrenztes Ereignis bezogenen Hoffnung, also bei einer Hoffnung, die prinzipiell nicht erfüllt, wenn auch durch Ereignisse, Entwicklungen oder Argumente gestärkt oder geschwächt werden kann. Und um diesen letzteren, philosophisch besonders interessanten Fall geht es im Folgenden.

Es handelt sich dabei um Hoffnungen, die sich erstens auf Besserung der sozialen, kulturellen, politischen Verhältnisse sei es innerhalb eines Staates oder einer Region, sei es global auf der Erde beziehen, also um Hoffnungen auf 'Fortschritte' in der Geschichte der Menschheit bis zur Hoffnung auf ein Reich vernünftiger Wesen, die sich gegenseitig als Zwecke an sich selbst behandeln (Kant) oder ein Reich der Freiheit (Marx),[4] zweitens auf ein – gegebenenfalls sogar 'ewiges' – individuelles Weiterleben nach dem Tod.[5] Beiden Gestalten der Hoffnung winkt bei rein rationaler Betrachtung aus prinzipiellen Gründen keine Erfüllung: der ersten nicht wegen des 'ewigen' Fortgangs der Geschichte des unvollkommenen Wesens Mensch, der zweiten nicht, weil es keine stichhaltigen Argumente für die Möglichkeit eines solchen Weiterlebens gibt (von angeb-

---

4 Auf die Verlängerung, Überbietung oder Ablösung dieser Hoffnung in religiös-eschatologischen Vorstellungen (etwa von einem himmlischen Jerusalem) gehe ich nicht ein. Vgl. auch oben Kap. V.

5 Friedrich Nietzsche: *Der Antichrist*, Aph. 23: «Man muss Leidende durch eine Hoffnung aufrecht erhalten, welcher durch keine Wirklichkeit widersprochen werden kann – welche nicht durch eine Erfüllung abgetan wird: eine Jenseits-Hoffnung.»

lichen Zeugnissen für dessen faktisches Vorkommen gar nicht zu reden). Dass sich solche Hoffnungen nicht erfüllen können, tut ihnen als Hoffnungen allerdings keinen Abbruch, jedenfalls *faktisch* nicht, wie überall beobachtet werden kann. Und *logisch*?

Wo das Erhoffte eintritt oder definitiv nicht eintritt bzw. nicht eintreten kann, erlischt die Hoffnung. Im positiven Fall ist das Erhoffte wirklich geworden, im negativen Fall besteht Gewissheit, dass es nie wirklich wird. Statt «wirklich» können wir auch «wahr» sagen, so wie wir einen wirklichen einen wahren Freund nennen. Sprachlich großzügig, vielleicht allzu großzügig, lässt sich also formulieren: Wo das Erhoffte wirklich wird, tritt Wahrheit an die Stelle von Hoffnung. Wo eine Hoffnung sich nicht erfüllt, schwindet sie mit der Näherung einer immer wahrscheinlicher werdenden Wahrheit. Wo Wahrheit oder Unwahrheit einer Hoffnung auch nicht annäherungsweise erreichbar sind, wird Hoffnung nur dann weiter bestehen, wenn sie in ein neues Verhältnis zur Wirklichkeit bzw. Wahrheit gesetzt wird. Dafür stehen zwei Denkwege offen. Beim Ausgang von der fragwürdig gewordenen Hoffnung bietet es sich an, *die nicht erfüllbare Hoffnung selbst zur Wahrheit zu erklären*. Wird hingegen die Fragwürdigkeit der Wahrheit, also dessen, was wir bisher fraglos der Erfüllung einer Hoffnung zusprachen, zum Ausgangspunkt gemacht, bietet es sich an, *die Wahrheit in die Hoffnung selbst statt in deren Erfüllung zu legen*. Adorno bewegt sich auf dem letzteren Weg:

> Am Ende ist Hoffnung, wie sie der Wirklichkeit sich entringt, indem sie diese negiert, die einzige Gestalt, in der Wahrheit erscheint.

Was sagt dieser Satz? Wahrheit *erscheint* nur; sie erscheint als *Hoffnung*, nicht im Medium begrifflichen Denkens, weil dieses die schlechte Wirklichkeit des gesellschaftlichen Lebens nur abzubilden, aus ihr durch Negation nicht Wahres zu gewinnen vermag; Hoffnung *negiert*, leistet also, was nach Hegel nur dem begrifflichen Denken und nach Marx nur der Praxis zukommt; Hoffnung ist mit der *Wirklichkeit* durch diese Negation in bestimmter Weise verbunden, aber von der Arbeit des Begriffs dadurch unterschieden, dass sie sich der Wirklichkeit in deren Negation – ich würde kritisch sagen: undialektisch – *entringt*. Was legitimiert aber Hoffnung dazu, gemäß Adornos Diktum die einzige Gestalt zu sein, «in der Wahrheit erscheint»?

Der Akt der Hoffnung (spes qua)

Man muss sich zunächst einmal vor Augen halten, dass die positive Gewichtung der Hoffnung, ganz abgesehen von ihrer emphatischen Feier, in philosophischen und kulturkritischen Texten nicht selbstverständlich ist. Aus der biblischen Tradition und ihrer theologischen Auslegung sind wir mit einer solchen Bewertung durchaus vertraut,[6] philosophisch kommt sie erst in jüngeren Zeiten mit der Analyse der – vornehmlich christlichen – Existenz (Sören Kierkegaard, Gabriel Marcel) und vor allem mit Ernst Blochs «Prinzip Hoffnung» auf, das er zu einer «Ontologie des Noch-Nicht-Seins» des Menschen und der Natur entfaltet. Bloch feiert die Hoffnung: Sie, «dieser Erwartungs-Gegenaffekt gegen Angst und Furcht, ist […] die menschlichste aller Gemütsbewegungen und nur Menschen zugänglich, sie ist zugleich auf den weitesten und den hellsten Horizont bezogen».[7]

Blickt man auf die Anfänge europäischer Philosophie im griechischen Mythos und der archaischen Epik zurück, so zeigt sich, dass hier das etwas treuherzig mit dem deutschen Wort «Hoffnung» wiedergegebene griechische *elpis* «Erwartung» bedeutet, Gewärtigung also nicht nur des Guten, das die Zukunft bringen wird, sondern ebenso des Schlechten. Und im Unterschied zu der uns geläufigen Einstellung zur Hoffnung wird auch, wer von der Zukunft *Gutes* erwartet, also Hoffnung hegt, nicht eo ipso geschätzt. So heißt es in *Werke und Tage* (498f.) von Hesiod:

> Manch untätiger Mann, verstrickt in nichtige Hoffnung,
> Hat aus Nahrungsnot sein Herz zum Bösen gewendet.

---

[6] So ist im Alten Testament die Hoffnung stets eine im Vertrauen auf Gott begründete Erwartung des Guten, im Neuen Testament gehört sie, wie bereits zitiert, neben Glauben und Liebe zu den bleibenden Momenten des Gottesverhältnisses und wird von der katholischen Tradition als eine der theologischen Tugenden begriffen. Sie ist also vom erhofften Heil bestimmt und nicht als eine neutrale Zukunftserwartung verstanden.

[7] Ernst Bloch; *Das Prinzip Hoffnung*, Frankfurt/M. 1959 (1968), S. 83f.

Und im *Aias* (473ff.) des Sophokles:

> Denn schmählich ist es, sich ein langes Leben wünschen
> Wenn es im Unheil keinen Wandel gibt.
> Wo ist die Freude, wenn so Tag um Tag
> Den Tod nur näherrückt und ihn hinausschiebt?
> So einen schlage ich für nichts an, der sich
> als Sterblicher an leeren Hoffnungen erwärmt.

Auch wenn in der klassischen Zeit die Erwartung oder Hoffnung (*elpis*) nicht nur dem Verdikt unterliegt, sie sei nichts als eine leere Annahme, sondern als rationale Voraussicht oder als persönliche Zuversicht gewürdigt wird, bleibt es bei einer Ambivalenz, der wiederum Sophokles in der *Antigone* (615ff.) wie folgt Ausdruck gibt:

> Denn die viel umschweifende Hoffnung zwar
> Ist vielen eine Hilfe unter Männern,
> Doch vielen auch Trug in flink denkenden Wünschen.

Hoffnung unterliegt also dem Verdacht, illusionär zu sein oder zu werden und von dem abzuhalten, was notwendig zu tun wäre; «man empfand sie als blind und tückisch.»[8] – Eine kritische Einstellung zur Hoffnung zeigen auch wieder maßgebende Philosophen des 17. Jahrhunderts, wenn sie sie, wie die Furcht, als unvernünftigen Affekt qualifizieren, der einem bloßen Begehren angesichts der Beunruhigung durch die unsichere Zukunft Ausdruck gibt. Klipp und klar heißt es bei Spinoza: «Affekte der Furcht und Hoffnung können nicht an sich gut sein.»[9] Nietzsche geht noch weiter: Er denunziert den Trost, den die Hoffnung bringt, als das von Zeus in der Büchse der Pandora mitgegebene «übelste der Übel», weil die Hoffnung wohl davon abhält, das Leben wegzuwerfen, aber gerade so «die Qual der Menschen verlängert».[10]

---

8 F. Nietzsche: *Morgenröte*, Aph. 38.
9 Spinoza: *Ethica IV*, prop. 47.
10 F. Nietzsche: *Menschliches, Allzumenschliches I*, Aph. 71; vgl. *Der Antichrist*, Aph. 23.

Welchen Bezug zur Wahrheit hat dieser Affekt, diese – auch noch von Heidegger im Gegenüber zur Furcht analysierte[11] – gestimmte Befindlichkeit? Die Frage führt über eine Phänomenologie der Hoffnung hinaus. Ich stelle in unziemlicher Kürze drei Antworten vor, die sämtlich «dialektischem» Denken entsprungen sind. Das soll und kann angesichts der mannigfaltigen Bedeutungen von «Dialektik» nicht auf einen gemeinsamen Nenner verweisen. Meine Absicht geht nur dahin, die bei Kant und Kierkegaard entwickelten Bestimmungen des Verhältnisses von Hoffnung und Wahrheit bei der Interpretation des zitierten und von *negativer Dialektik* durchzogenen Kernsatzes aus *Minima moralia* 61 fruchtbar zu machen.

Hoffnung und Wahrheit, kritisch

Schon der skeptische Kant von 1766 unterstellt, es habe «wohl niemals eine rechtschaffene Seele gelebt, welche den Gedanken hätte ertragen können, dass mit dem Tode alles zu Ende sei, und deren edle Gesinnung sich nicht zur Hoffnung der Zukunft erhoben hätte».[12] Allerdings weist er auch auf den Unterschied im Gewicht rationaler Argumente hin, je nachdem, ob sie in die Waagschale der Hoffnung oder der vorurteilsfreien Begründung gelegt werden. So sehr er sich selbst der unparteiischen Abwägung verbunden weiß, so wenig kann und will er die durch Zukunftshoffnung verursachte «Parteilichkeit der Verstandeswaage» beheben.[13] Ersichtlich hat aber in diesen Überlegungen am Schluss der *Träume eines Geistersehers* die Hoffnung auch einen Inhalt, ein Erhofftes (spes quae). Kant macht die Erfahrung geltend, dass der hoffende Mensch einen privilegierten Zugang zu den Fragen beansprucht, die sich in Bezug auf ein Leben nach dem Tode stellen. Und schon hier spricht er vom

---

11 Martin Heidegger: *Sein und Zeit*, 18. Aufl., Tübingen 2001, S. 345: «Der Stimmungscharakter liegt auch hier primär im Hoffen als einem Für-sich-erhoffen. Der Hoffende nimmt sich gleichsam mit in die Hoffnung hinein und bringt sich dem Erhofften entgegen.»
12 Akad.-Ausg. Bd. II, S. 373.
13 S. 349f.

«moralischen Glauben».[14] Otfried Höffe hat in seinem Kant-Buch die Frage «Was darf ich hoffen?» als Titel über die Darstellung der Geschichts- und Religionsphilosophie Kants gesetzt und das damit begründet, dass mit jener dritten, auf die zukünftige Wirklichkeit des Gesollten zielenden Grundfrage die Hoffnung sowohl auf den geschichtlichen Rechtsfortschritt als auch auf die zukünftige Glückseligkeit des glückswürdigen sittlichen Individuums angesprochen werde.[15] Kant gibt in seiner Geschichtsphilosophie in der Tat ausdrücklich, obwohl unthematisch, der «Hoffnung» Ausdruck, dass einmal «ein allgemeiner weltbürgerlicher Zustand» erreicht werde.[16] Hermann Cohen nimmt eine nähere Ausdeutung vor, indem er die Erwahrung dieses Zielzustandes mit der messianischen Hoffnung im Judentum verknüpft.[17] Doch spielt die Hoffnung generell in der Geschichtsphilosophie nur eine marginale bzw. subsidiäre Rolle; schon bei Kant und erst recht bei Adorno hat sie ihren primären Ort in der Religionsphilosophie bzw. Metaphysik.

Ich wende mich der Frage zu, wie bei Kant die Hoffnung in die Dialektik der praktischen Vernunft einbricht und sie auflöst. Wenn er alles Hoffen auf Glückseligkeit gerichtet sein lässt,[18] macht er stillschweigend die Voraussetzung, dass menschlichem Leben prinzipiell diese Glückseligkeit und damit Vollkommenheit, will sagen: die Verwirklichung all seiner Möglichkeiten[19] fehlt. Die Berechtigung zur Hoffnung auf Glückseligkeit, d.h. auf den «Zustand eines vernünftigen Wesens in der Welt, dem im Ganzen seiner Existenz *alles nach Wunsch und Willen geht*»,[20] ergibt sich für ihn daraus und nur daraus, dass sich das Individuum der Glückseligkeit «in seinem Verhalten würdig gemacht hat» oder das «unablässige

14 S. 373.
15 Ottfried Höffe: *Immanuel Kant*, München 1983, S. 240ff.
16 Akad.-Ausg. Bd. VIII, S. 28.
17 Hermann Cohen: «Zionismus und Religion», in: Werke 17 (= Kleinere Schriften VI), Hildesheim 2002, S. 217: «Hoffnung auf die messianische Menschheit»; und *Der Begriff der Religion im System der Philosophie* (Werke 10, Hildesheim 1996), S. 101: «Auf den Messias geht die Hoffnung des Menschen.»
18 *Kritik der reinen Vernunft* (KrV) A 805 / B 833.
19 *Kritik der praktischen Vernunft*, Akad.-Ausg. Bd. V, S. 124: die «Übereinstimmung der Natur zu seinem ganzen Zwecke».
20 Ebd.

Bestreben» zeigt, sich dieser würdig zu machen.[21] Die damit unterstellte «notwendige Verknüpfung» zwischen diesem Bestreben und der Erfüllung jener Hoffnung ist allerdings ihrerseits Objekt einer Hoffnung, die von der Annahme lebt, dass die höchste Vernunft nicht nur moralisch gebietet, sondern auch für die Realisierung der Verknüpfung in der «Natur» einsteht.[22] In der Kritik der praktischen Vernunft wird die konditionale Verbindung von Tugend mit Glückseligkeit als «höchstes Gut» bestimmt. Die Dialektik, d.h. «der Widerstreit der Vernunft mit sich selbst», in diesem Begriffe entsteht daraus, dass die praktische Vernunft zum Praktisch-Bedingten der Neigungen und natürlichen Bedürfnisse das Unbedingte in Gestalt der «unbedingten Totalität des *Gegenstandes* der reinen praktischen Vernunft» sucht, der einerseits der sinnlichen Welt enthoben ist, andererseits aber in ihr Wirkung zeigen soll. Kant glaubt, diesen Widerstreit damit aufheben zu können, dass er zeigt, es sei nicht unmöglich (widersprüchlich), der «Sittlichkeit der Gesinnung» einen wenigstens mittelbaren, über den göttlichen Urheber der Natur vermittelten Zusammenhang «mit der Glückseligkeit als Wirkung in der Sinnenwelt» zu unterstellen.[23] Das subjektive Gefäß der sinnenweltlichen Präsenz des höchsten Guts bildet die Hoffnung. Kant selbst sagt das nicht so, er spricht vom «moralischen Wunsch, das höchste Gut zu befördern».[24] Wohl bemerkt er ausdrücklich, dass *Hoffnung* den «Schritt zur Religion» impliziert, doch verwendet er in seinen einschlägigen Schriften weitaus häufiger den Begriff des *Glaubens*. Damit macht er die affektive Einstellung der Hoffnung zum Modus eines Für-wahr-Haltens.

Hoffnung und Glaube werden nicht selten identifiziert. Die Brücke kann einerseits über den urteilslogischen Vergleich von Hoffen (dass ...) und Glauben (dass ...) geschlagen werden, andererseits über die dem menschlichen Zweifel entgegentretende Zuversicht, als die beide, Hoffen und Glauben, sich deuten lassen. Im

---

21 KrV A 809f. / B 837f.
22 A 810 / B 838.
23 Akad.-Ausg. Bd. V, S. 107f., 114f.
24 S. 130.

letzteren Fall ist die biblische Tradition einschlägig.[25] In seiner Ausarbeitung der messianischen Idee des israelitischen Prophetismus nimmt auch Hermann Cohen Bezug auf dieses Verhältnis, schwankt aber in der Gewichtung der Hoffnung. 1915 schreibt er: «In der Hoffnung auf das messianische Zeitalter haben die Propheten die *Hoffnung* zum Grundaffekt der Politik, der Geschichte und der Religion gemacht. Was sonst *Glaube* genannt wird, das nennen sie Hoffnung.»[26] Hoffnung gilt hier als Ausdruck der Zuversicht des Glaubens. Nur zwei bis drei Jahre später erklärt Cohen aber in seinem opus postumum «die messianische Zukunft [...] dem Gebiete der Hoffnung entrückt, weil sie unmittelbar zum Gottesglauben selbst gehört», und erläutert, dass mit der Scheidung von der Hoffnung, die sich nunmehr bloß auf die Unsterblichkeit als eines der Geheimnisse Gottes beziehen soll, «die messianische Zuversicht» der Propheten «dem Schwanken und der Ungewissheit enthoben [wird], mit denen Hoffen und Harren nun einmal verbunden scheinen».[27] Hoffnung wird damit als Modus eines Für-wahr-Haltens, dem es an einer letzten Zuversicht mangelt, eingestuft. Scheinbar ganz ähnlich und doch in einem anderen Sinne hat Ernst Bloch auf der Differenz zwischen Hoffnung und Zuversicht insistiert («Hoffnung hat eo ipso das Prekäre der Vereitlung in sich: sie ist keine Zuversicht»). Auch wenn er erklärt, der religiösen Hoffnung nur die «abergläubische Zuversicht» der Mythologie entziehen zu wollen,[28] hat er damit die Einstellung der Hoffnung dem Für-wahr-Halten und seiner Zuversicht prinzipiell entrückt.

---

25 Doch erst in späten Texten des Neuen Testaments (wie dem 1. Petrusbrief) fällt Hoffnung mit Glaube tendenziell zusammen; die evangelische Theologie beharrt dagegen bis in die Gegenwart darauf, dass der Glaube als Grund der Hoffnung dieser gegenüber den Primat besitzt.
26 H. Cohen: *Deutschtum und Judentum* (1915), in: *Werke* 15 (= Kleinere Schriften V), Hildesheim 1997, S. 544.
27 H. Cohen: *Religion der Vernunft aus den Quellen des Judentums*, Frankfurt/M. 1929, S. 364.
28 J. Moltmann: *Theologie der Hoffnung*, 7. Aufl., München 1968, S. 331; Zitate aus E. Bloch: *Verfremdungen* I, S. 214 und *Das Prinzip Hoffnung*, S. 1523.

Hoffnung und Wahrheit, existenziell

Bereits Søren Kierkegaard nimmt das inhaltlich Erhoffte aus der Logik des Für-wahr-Haltens in den existenziellen Vollzug des Hoffens zurück, würdigt Hoffnung also als Modus menschlicher Existenz. Er tut das allerdings nicht im Rahmen einer Beschreibung der Affekte oder Befindlichkeiten des alltäglichen Daseins, würde doch in dieser Perspektive mit dem Wort «Hoffnung» nur noch eine optimistische Erwartungshaltung assoziiert, ganz abgesehen davon, dass sich alltägliches Hoffen in der Regel auf konkrete Lebensgüter bezieht. Hoffnung ist für Kierkegaard vielmehr Modus menschlicher Existenz in extremis. Der Rückgang auf das existenzielle Hoffen ist eine Bewegung, die ihren Impuls aus der Verzweiflung der Hoffnungslosigkeit zieht. Und nicht um irgendeine verzweifelte Situation handelt es sich, in der Hoffnung aufsteigt, sondern um die «Krankheit zum Tode, [...] bei der das Letzte der Tod ist und der Tod das Letzte», ja «in noch bestimmterer Weise» um die – an der Verzweiflung des Todkranken, nicht sterben zu können, sichtbare – Hoffnungslosigkeit, in der Verzweiflung nicht einmal mehr die Hoffnung auf den Tod haben zu können, weil sich das Sterben der Verzweiflung ständig in ein Lebendigsein umsetzt, d.h. die Verzweiflung eine «ohnmächtige Selbstverzehrung» ist.[29] Erst einem auch dieser Hoffnung beraubten Menschen wird im Paradox christlicher Existenz eine «Hoffnung wider Hoffnung» zuteil, eine sich nicht mehr auf das «natürliche Hoffen» eines Menschen abstützende Hoffnung, «die Hoffnung des lebendig machenden Geistes», die für den Verstand eine «Verrücktheit» ist.[30] Die «Hoffnung wider Hoffnung» steht in der Wahrheit, und zwar in der «höchsten Wahrheit, die es für einen Existierenden gibt». Solche Wahrheit, nämlich «die objektive Ungewissheit, festgehalten in der Aneignung der leidenschaftlichsten Innerlichkeit», ist wiederum nur im Existieren und das heißt im Widerspruch zur objektiven Wahrheit oder Gewissheit zugänglich; Kierkegaard nennt sie *paradox*. Das Paradox macht für ihn die «ewige, wesentliche Wahrheit» aus, *insofern diese sich zu einem Existierenden verhält*. «Das Paradox ist die objektive

---

29 Sören Kierkegaard: *Die Krankheit zum Tode*, GW 24. und 25. Abt., S. 13f.
30 Ders: *Zur Selbstprüfung der Gegenwart anbefohlen*, GW 27.-29. Abt., S. 114f.

Ungewissheit, die der Ausdruck für die Leidenschaft der Innerlichkeit ist, in der gerade die Wahrheit besteht». Für die Rede von der «Hoffnung wider Hoffnung» steht häufiger «Glaube», von Kierkegaard als «der Widerspruch zwischen der unendlichen Leidenschaft der Innerlichkeit und der objektiven Ungewissheit» bestimmt.[31] In *Furcht und Zittern* bezeichnet er ihn als «des Daseins Paradox» und nimmt damit das «credo quia absurdum» auf. Dem Glauben geht notwendig die unendliche Resignation voraus: Der «Glaubensritter» befindet sich mit voller Klarheit in unendlicher Resignation, «erkennt also die Unmöglichkeit und im gleichen Augenblick glaubt er das Absurde», «dass bei Gott kein Ding unmöglich ist».[32]

Wie die moderne existenzphilosophische Rezeption vermag auch Adorno nicht, dem Paradox des Glaubens bzw. der «Hoffnung wider Hoffnung» Stand zu halten.[33] Das wird daran sichtbar, dass er das Paradox zur Dialektik der im Widerspruch existierenden Subjektivität oder Innerlichkeit entschärft. Von der Kierkegaard'schen Dialektik im Allgemeinen schreibt er, dass sie keine Subjekt-Objekt-Dialektik ist, sondern sich «zwischen der Subjektivität und deren 'Sinn', den sie in sich enthält, ohne in ihm aufzugehen», zuträgt. Er legt diese «nach innen geschlagen[e]» dialektische Bewegung darauf fest, dass sie «an keinen positiven ontischen Inhalt gebunden» ist, vielmehr «alles Sein zum 'Anlass' ihrer selbst» verwandelt, dass sie also der «Fata Morgana statischer Ontologie»,

---

31 Ders.: *Abschließende unwissenschaftliche Nachschrift*, 1. Teil, GW 16. Abt., S. 194–196. Vgl. Kurt Weisshaupt: *Die Zeitlichkeit der Wahrheit. Eine Untersuchung zum Wahrheitsbegriff Sören Kierkegaards*, Freiburg, München 1973, S. 68ff.

32 Ders.: *Furcht und Zittern*, GW 4. Abt., S. 47f.; vgl. *Abschließende unwissenschaftliche Nachschrift*, a.a.O., S. 196.

33 Anders die dialektische Theologie; vgl. Siegfried Marck: *Die Dialektik in der Philosophie der Gegenwart*, 1. Halbband, Tübingen 1929, S. 91ff. Für Kierkegaard, schreibt Marck, soll das menschliche Denken paradoxerweise «das Schicksal des unaufhebbaren Widerspruchs auf sich nehmen […] Das Paradox ist Negation der Vermittelung, aber deshalb nicht Unmittelbarkeit», von der es durch «sein Wissen um den Widerspruch» unterschieden bleibt. Wenn bei Kierkegaard der Sprung an die Stelle des Umschlagens der Verneinung in die Bejahung tritt, so hebt doch der Sprung «das Paradox für das Denken nicht auf», sondern «verschärft es vielmehr, sodass es im Denken das letzte Wort behält» und erst im Glauben – außerhalb der Denkkontinuität – aufgehoben wird (S. 92).

genauer: dass sie «romantischen Rekonstruktionsversuchen, die Ontologie ungebrochen – phänomenologisch – meinen wiederherstellen zu können», absagt. Mit anderen Worten: Adorno setzt das als Dialektik von Subjekt und Sein entschlüsselte Paradox für die eigene Kritik an der existenzialen Ontologie Heideggers ein. Mehr noch: Ist Kierkegaaards Paradox der «Hoffnung wider Hoffnung» in diese Kritik einmal eingebracht, wendet er es zu seinem eigenen Verständnis von Hoffnung um: «[...] ohne Hoffnung erwartend, ob nicht im entlegensten Schacht [des Bewusstseins] Hoffnung als ferne Helle des Ausgangs ihm aufgehe [...].»[34] Zweifellos stellt sich für Kierkegaard die Frage nach der Wahrheit in der einzelnen menschlichen Existenz und zweifellos lässt er diese an der Wahrheit durch eine Leidenschaft teilhaben, deren Inhalt sie selbst ist, «ohne ontologisiert zu sein». Aber es ist das nicht eine innerliche (existenzielle) Wahrheit im Gegensatz zur ontologischen Wahrheit der Person, sondern die Wahrheit der Innerlichkeit *in ihrem Widerspruch*, das leidenschaftliche Festhalten an der «objektiven Ungewissheit», ohne dass darin, wie Adorno meint, die Subjektivität «in unendlicher Negation ihrer selbst» zur Wahrheit würde.[35]

Hoffnung und Wahrheit, adornitisch

Wenn das Erhoffte (spes quae) schwindet, bleibt nur noch der Akt des Hoffens als Existenzvollzug (spes qua). Kierkegaard schützt diesen Akt davor, zu einer leeren Geste zu werden, indem er ihn an das geschwundene Hoffnungsobjekt in «objektiver Ungewissheit» bindet. Anders als Kierkegaard mit dem Paradox der «Hoffnung wider Hoffnung» erkennt Adorno der Hoffnung insofern Wahrheit zu, als sie sich der von ihr negierten Wirklichkeit «entringt». Was heißt das?

Der Berufung auf Hoffnung stellt Adorno in *Minima moralia* 61 die Berufung aufs Schicksal (fatum) entgegen. Er tut das in Form einer Kritik an Nietzsche. Wenn dieser, so argumentiert Adorno,

---

34 Th. W. Adorno: *Kierkegaard. Konstruktion des Ästhetischen*, Ges. Schriften, hg. von R. Tiedemann, Bd. II, S. 46–48.
35 Ebd., S. 103.

der Hoffnung verweigert, Berufungsinstanz für Wahrheit zu sein, so dürfe er auch nicht den *amor fati* leben. Denn:

> Führt nicht von der Existenz der stubborn facts zu deren Installierung als höchstem Wert der gleiche Fehlschluss, den er dem Übergang von der Hoffnung zur Wahrheit vorwirft?

Adorno sucht Nietzsche bei einem Widerspruch zwischen seiner Kritik an der Hoffnung und seiner Bejahung des Fatums zu behaften. Nicht dass er nun seinerseits Nietzsche zustimmte, der «Übergang von der Hoffnung zur Wahrheit» sei ein Fehlschluss. Prima facie legt sich das allerdings nahe, weil Adorno den *amor fati* in eine Parallele – nicht so sehr zur Hoffnung als vielmehr – zum *credo quia absurdum* bringt, nachdem er mit Nietzsche die dem christlichen Glauben versprochene Seligkeit («Seligkeit aus einer fixen Idee») dem Irrenhaus zugewiesen und diesem das Gefängnis als möglichen «Ursprung des amor fati» an die Seite gestellt hat. Das Gemeinsame von Glaube und amor fati besteht nach Adorno darin, dass beim Einen wie beim Anderen «Entsagung [...] vor der Herrschaft zu Kreuz» kriecht, indem «Anpassung [...] dem Wunsch Wirklichkeit zuschreibt und dem Widersinn des Zwangs Sinn». Wenn eingangs des Aphorismus Adorno umstandslos von der Hoffnung zum Glauben übergegangen war, so kehrt er nach der eben zitierten Kritik am Glauben ebenso umstandslos zur Hoffnung zurück, freilich zu seiner eigenen These über das Verhältnis von Hoffnung und Wahrheit in jenem nun schon mehrfach angeführten Kernsatz des Aphorismus. Wirft man einen Blick in die Aphorismen 50 und 51 des *Antichrist*, aus denen Adorno zitiert, so klärt sich die Sachlage schnell auf. Denn Nietzsche äußert sich hier gar nicht über die Hoffnung, sondern ausschließlich über den bzw. das Glauben – Adorno hat dem gegen Theologie und Metaphysik gerichteten anonymen Einwand, «dass Hoffnung mit Wahrheit verwechselt werde», die Kritik Nietzsches, dass der Glaube sein eigenes Wahrheitskriterium sei, unterlegt, und sich so die Möglichkeit geschaffen, in der Metakritik von Nietzsches Glaubenskritik den *amor fati* als Gegeninstanz zur Hoffnung einzuführen. Auf die *Hoffnung* ist der Aphorismus zentriert, an der Gegenüberstellung zum *amor fati* gewinnt ihr Verhältnis zur Wahrheit Kontur und Begründung. An die Stelle der Bejahung (amor) dessen, was da ist, der Bejahung der «Wirklichkeit» als fatum, setzt Adorno die Verneinung der schlechten endlichen Wirklichkeit, wie sie ein Leben in der Hoffnung betreibt. Was legitimiert Hoffnung zu einer solchen «kritischen Kritik», wie kann sie sie überhaupt leisten? Die Frage wird umso dringlicher, je deutlicher man bemerkt, dass Adorno statt auf revolutionäre Praxis auf Hoffnung setzt. Beileibe nicht auf einen Trost durch Hoffnung – das ergibt sich schon daraus, dass er sie nicht im Akt des Hoffens aufgehen lässt. Sie entringt sich, schreibt er, der Unwahrheit, der falschen Wirklichkeit, und lässt als eine solche Gestalt der Negation *Wahrheit* erscheinen; sie hat also ein Erhofftes, ein erhofftes Wahres. In Adornos Bestimmung des Verhältnisses von Hoffnung und Wahrheit wird die Wahrheit zum *Inhalt* der Hoffnung, die Wahrheit, die nie zu haben sein wird und deshalb nur Inhalt der Hoffnung sein kann. In der *Negativen Dialektik* setzt er allerdings diese noch wahrheitsbezogene Hoffnung zu einem bloßen Gestus herab, der darin besteht, «nichts zu halten von dem, woran das Subjekt sich halten will, wovon es sich verspricht, dass es dauere».[36] Das ist, wird man wohl sagen müssen, in Tat und Wahrheit aber gar kein Hoffen mehr, vielmehr «vergebliches Warten» unter der Frage *Ist das denn alles?*[37] Was aber beinhaltet die unter die Chiffre des Erhofften gestellte Wahrheit? Adorno könnte antworten: «das Dasein des hoffnungslos Entbehrten» – ein Dasein, das weder zu erschließen noch zu garantieren ist, auch nicht ex negativo.

> Gleichwohl ist der Gedanke, der Tod sei das schlechthin Letzte, unausdenkbar. [...] Wäre der Tod jenes Absolute, das die Philosophie positiv vergebens beschwor, so ist alles überhaupt nichts, auch jeder Gedanke ins Leere gedacht, keiner lässt mit Wahrheit irgend sich denken.[38]

Das hatten wir nun aber auch schon bei Kant gelesen. Der Unterschied: Für Adorno macht die Unausdenkbarkeit des Gedankens, «der Tod sei das schlechthin Letzte», den Inhalt jener «negativen» Hoffnung aus, auf deren Aufgap wir ohne Hoffnung

---

36 Th.W. Adorno: Negative *Dialektik*, Ges. Schriften Bd. VI, S. 384.
37 Ebd., S. 368.
38 Ebd., S. 364.

warten.³⁹ Wirklichkeit und die sie negierende Hoffnung sind und bleiben in negativer Dialektik verknüpft. Trotzdem soll Hoffnung und nur sie «am Ende» Wahrheit erscheinen lassen. Mit der Unausdenkbarkeit jenes Gedankens bringt Adorno nicht den Glauben, wohl aber eine *metaphysische Erfahrung* ins Spiel, auch wenn er ihre «Unverlässlichkeit» betont.⁴⁰ Mit dem Einbringen von Erfahrung(en) konkretisiert sich der Gedanke, dass die Position nicht die Wahrheit der Negation ist.

In der äußersten Zuspitzung der Negation der Wirklichkeit (mitsamt ihren eschatologischen Affirmationen) hält sich Adorno offen für Spuren hoffnungslegitimierender metaphysischer Erfahrungen. Die letzte seiner Vorlesungen über *Metaphysik: Begriff und Probleme* (1965) ist diesen Erfahrungen gewidmet. Da geht es nicht mehr um die großen Alternativen von paradoxaler Hoffnung, Schicksalsliebe, Melancholie oder Verzweiflung angesichts des Unwahren der Wirklichkeit, da stehen vielmehr Erfahrungen an wie die des Glücks, wenn bestimmte Namen fallen, oder des *déjà vu*, da ist von der Fehlbarkeit als Bedingung der Möglichkeit solcher Erfahrungen die Rede.⁴¹ Ein anderer Ton klingt an, insbesondere dort, wo Adorno selbst sich bei der Erinnerung an Becketts «Topographie des Nichts» zu «äußerster Zartheit und Behutsamkeit» anhält.⁴² Er stellt die gleiche Frage wie eben: *Ist das denn alles?* – aber nun als eine Frage, «in der metaphysische Erfahrung wirklich etwas sich Aufdrängendes, sich Aufzwingendes noch hat», eine Erfahrung, die die größte Ähnlichkeit «mit der Situation des vergeblichen Wartens» zeigt. Und er fügt an, Alban Berg habe ihm verschiedentlich versichert, dass er als das Liebste und Wichtigste in seinem Werk «die Takte ansehe, in denen er Situationen des vergeblichen Wartens ausgedrückt» habe.⁴³ Da ist der apokalyptische Ton herausgenommen. Metaphysische Hoffnung als vergebliches, *aber von*

---

39 Th.W. Adorno: *Kierkegaard*, Ges. Schr. Bd. II, S. 48. Adorno geht hier, mit Kant zu sprechen, vom negativen zum unendlichen Urteil über.
40 Th. W. Adorno: *Negative Dialektik*, S. 364.
41 Ders.: *Metaphysik. Begriff und Probleme* (1965), hg. von R. Tiedemann, Nachgelassene Schriften, Abt. IV, Vorlesungen, Band 14, Frankfurt/M. 1998, S. 218–220.
42 Ebd., S. 212.
43 Ebd., S. 224.

Erfahrungsspuren durchfurchtes Warten – am Ende die einzige Gestalt, in der Wahrheit erscheint. Diese im Widerspruch stehende Hoffnung ist zugleich über den Widerspruch hinaus: Was Adorno zuletzt in dieser Vorlesung sagte, dass sich über den Widerspruch (dass ein dem Leben Transzendentes *ist* und zugleich *nicht* ist) «wohl sehr schwer, wahrscheinlich überhaupt nicht, hinausdenken» lasse, kann schwerlich als sein letztes Wort gelten.

VIII Erfahrungen

Adornos später Rekurs auf metaphysische Erfahrungen scheint das metaphysische Bedürfnis ein kleines Stück weit seiner Erfüllung näher zu bringen:

> [...] was ich metaphysische Erfahrung nenne [...] ist, im Ganzen der Theorie, ein Moment, nicht selbst das Ganze, nicht ein Unmittelbares, auf das man sich in Fragen der Metaphysik als auf ein Letztes, Absolutes zurückziehen dürfte.[1]

Es gehört zum menschlichen Leben, denn es «kann nichts als lebendig auch nur erfahren werden, was nicht ein dem Leben Transzendentes zugleich verhieße».[2] Was der Theorie nicht gelingt: den Widerspruch zwischen Metaphysik und Auschwitz auf ein zu Erhoffendes hin zu öffnen, das wird zuletzt Erfahrungen anheimgestellt, die ein «Transzendentes» anklingen lassen könnten.

Was hat es generell mit Erfahrung(en) in und für Philosophie auf sich? Und: Lässt sich aus Erfahrungen – welcher Art auch immer – eine philosophische Antwort auf die große Sinnfrage gewinnen?

Erfahrungen als Türöffner

Staunen oder Zweifeln werden gewöhnlich namhaft gemacht, wenn der *Anfang* des Philosophierens zur Debatte steht. Ich nehme stattdessen auf lebensgeschichtliche Ereignisse Bezug, wie sie häufig in autobiographischen Texten zur Sprache kommen. Wenn sie als Erfahrungen gewürdigt werden, so deutet sich darin an, dass es im Leben nicht so sehr auf die Ereignisse selbst ankommt, sondern viel eher auf den Bezug zu ihnen, der immer ein passives und ein aktives Moment besitzt. Ich exemplifiziere das an der Selbstdarstellung René Descartes' im *Discours de la méthode* (1637). Der Autor erzählt, wie er sich nach dem Erwerb des Bildungswissens seiner Zeit der Erfahrung als neuer Erkenntnisquelle zuwandte:

---

1 Theodor W. Adorno: *Metaphysik. Begriff und Probleme* (1965), hg. von R. Tiedemann, Nachgelassene Schriften, Abt. IV, Vorlesungen, Band 14, Frankfurt/M. 1998, S. 27.
2 S. 226.

> [...] entschlossen, kein anderes Wissen zu suchen, als was ich in mir selbst oder im großen Buch der Welt würde finden können, verbrachte ich den Rest meiner Jugend damit, zu reisen, Höfe und Heere kennenzulernen, mit Menschen verschiedenen Temperaments und Standes zu verkehren, manche Erfahrung zu sammeln, mich selbst auf die Probe zu stellen in Treffen, in die das Geschick mich stellte, und über alles, was mir begegnete, Überlegungen anzustellen, aus denen ich einigen Nutzen ziehen konnte. [...] Nachdem ich aber einige Jahre darauf verwandt hatte, so im Buch der Welt zu studieren und mich um neue Erfahrungen zu bemühen, entschloss ich mich eines Tages, auch in mir selbst zu studieren [...].[3]

Zu einer Erfahrung gehören Betroffensein und verarbeitende Stellungnahme. An der Wendung «etwas am eigenen Leibe erfahren» ist ablesbar, wie umfassend die ganze Person in ihre lebensgeschichtlichen Erfahrungen involviert ist. Es sind tatsächlich durchwegs Lebenserfahrungen, die Descartes sammelt: Erfahrungen mit anderen Menschen, Erfahrungen auch damit, wie Gesellschaft funktioniert, und Erfahrungen mit sich selbst. Eine besondere Art der Erfahrung mit sich selbst ist es, sich in schwierigen Situationen zu *erproben*. Theoretisch verfolgt Descartes dies im Durchgang durch den methodischen Zweifel an allen Gewissheiten, die das Leben durchgängig prägen. Er führt zur philosophisch fundamentalen Gewissheit des «denkend bin ich».[4]

Erfahrung(en) «zu haben» als Grundlage lebensweltlicher Weisheit

Können Erfahrungen auch zur Philosophie im Sinne strenger Denkarbeit an Begriffen und Argumenten motivieren, so werden sie doch weitaus häufiger als Basis einer klugen Lebensführung betrachtet. Jemand macht (sammelt) Erfahrungen und wird auf diese Weise erfahren; wir sagen: Er oder sie *besitzt* Erfahrung. Solcher Erfahrungsbesitz ist zumeist lebensweltlicher Natur. Er kann sowohl in einer Kunst(fertigkeit) bestehen, zum Beispiel in technischen

---

3 René Descartes: *Discours de la méthode*. Œuvres, publiées par Charles Adam & Paul Tannery (AT) vol. VI, p. 9–10; deutsch von Lüder Gäbe, Hamburg 1960.
4 Ders.: *Meditationes de prima philosophia*, AT vol. VII, p. 25.

Kenntnissen bei der Behebung von Fahrzeugdefekten, als auch im richtigen «Gefühl» für das in einer konkreten Situation Machbare oder im schmerzlichen «Wissen» eines leidgeprüften Menschen.

Den *Wissens*status von Erfahrung im Sinne solchen Erfahrenseins hat schon *Aristoteles* im vierten vorchristlichen Jahrhundert geklärt:

> Wissenschaft und Kunst gehen für die Menschen aus der Erfahrung hervor [...]. Die Kunst (techne) entsteht dann, wenn sich aus vielen durch die Erfahrung gegebenen Überlegungen eine allgemeine Annahme über das Ähnliche bildet. Denn die Annahme, dass (z.B.) dem Kallias, der an dieser bestimmten Krankheit litt, dieses bestimmte Heilmittel half, und ebenso dem Sokrates und vielen Einzelnen, ist eine Sache der Erfahrung; dass es dagegen allen von solcher Beschaffenheit, die – auf einen Artbegriff eingegrenzt – an dieser Krankheit litten, zuträglich war, z.B. denen mit phlegmatischer, cholerischer oder fieberartiger Beschaffenheit, diese Annahme gehört der Kunst an. Zum Zweck des Handelns steht die Erfahrung der Kunst nicht nach, vielmehr sehen wir, dass die Erfahrenen mehr das Richtige treffen als diejenigen, die ohne Erfahrung nur den (allgemeinen) Begriff besitzen. Die Ursache davon ist, dass die Erfahrung Erkenntnis des Einzelnen ist, die Kunst des Allgemeinen [...]. Denn nicht einen Menschen überhaupt heilt der Arzt, [...] sondern Kallias oder Sokrates [...]. Dennoch aber glauben wir, dass Wissen und Verstehen mehr der Kunst zukomme als der Erfahrung [...]. Und dies deshalb, weil die einen die Ursache kennen, die anderen nicht. Denn die Erfahrenen kennen nur das Dass, aber nicht das Warum [...].[5]

Am Beispiel der medizinischen Behandlung zeigt sich für Aristoteles, dass die Kenntnis des allgemeinen Begriffs einer Sache wohl von Vorteil ist, dass aber im vielfältigen Spektrum der Praxis auf Erfahrung auch nicht verzichtet werden kann. Wer sich auf Erfahrung abstützt, verfügt zwar im Regelfall nicht über medizinisches Wissen und kann deshalb kein Urteil über Wesen und Gründe einer Krankheit abgeben, aber er besitzt eine Kenntnis gleichartiger Fälle, die gerade dann unverzichtbar ist, wenn es generell an medizinischem Wissen fehlt. Eine gute Behandlung im Einzelfall ist auch ohne wissenschaftliche Kenntnis möglich.[6] Erfahrung bleibt aber Wissen auf einer beschränkten Allgemeinheitsstufe – der

---

5 Aristoteles: *Metaphysik*, übers. von Hermann Bonitz, neu hg. von Horst Seidl, Hamburg 1982, I 1. 981 a.
6 Ders.: *Nikomachische Ethik* X 10. 1180 b 7ff.; *Metaphysik* I 1. 981 a 7 ff.

Wahrnehmung eines einzelnen Sachverhalts überlegen, der Kunst und vor allem der «Weisheit» in Gestalt der philosophischen Wissenschaft von den ersten Ursachen und Prinzipien[7] (der später so genannten «Metaphysik») unterlegen.

Erfahrungen «machen»

Erfahrungen zu «machen» kann zum einen heißen, sie unfreiwillig und unwillkürlich zu machen, sie also gewissermaßen zu *erleiden*. In dieser Weise macht z.B. ein Wissenschaftler die Erfahrung, dass sein Forschungsplan an einem unbeachteten Detail scheitert, oder ein Politiker, dass ihn seine Partei fallen lässt. Das Kennzeichen solcher «Widerfahrnisse» ist Negativität. In der Umgangssprache ist vor allem dann von *Erfahrungen* die Rede, wenn die Kenntnisnahme eines Sachverhalts ein derartiges passives Moment besitzt, wenn das Subjekt – bis zur persönlichen Betroffenheit, ja bis zur Traumatisierung – affiziert ist und der erfahrene Sachverhalt «redet», also sich selbst zur Geltung bringt. Zum anderen *suchen* wir Erfahrungen, etwa auf Reisen (er-fahren heißt ursprünglich: landfahren), vor allem aber in der Wissenschaft. So schafft schon Francis Bacon zu Beginn des 17. Jahrhunderts eine scharfe methodische Differenz zwischen Erfahrungen, die einem zustoßen oder die man sucht.[8] Aber auch demjenigen, der Erfahrungen sucht, müssen sie zustoßen.

In der empirischen Naturforschung der Neuzeit werden Erfahrungen mittels Wahrnehmung, Experiment und Messung gemacht.[9] Von zentraler Bedeutung für die «neue Wissenschaft» von der (unbelebten) Natur ist das Experiment als methodisch reguliertes Machen von Erfahrungen. Das Experiment dokumentiert in dieser Weise den Prozess der sogenannten «Verwissenschaftlichung» der Erfahrung besonders prägnant. Die Unterschiede zwischen den Erfahrungsmodi der Wissenschaft und der Lebenswelt ergeben sich ex negativo

---

7 Ders.: *Metaphysik* I 1. 981 b 27ff.
8 Francis Bacon: *Novum Organon*, I 82.
9 Gernot Böhme, Wolfgang van den Daele: «Erfahrung als Programm – Über Strukturen vorparadigmatischer Wissenschaft», in: G. Böhme, W. van den Daele, Wolfgang Krohn: *Experimentelle Philosophie. Ursprünge autonomer Wissenschaftsentwicklung*, Frankfurt/M. 1977, S. 183.

aus den von Gernot Böhme formulierten fünf Charakteristika lebensweltlicher Erfahrung: Diese ist erstens als Sinneserfahrung an den menschlichen Leib gebunden, zweitens durch Unbestimmtheit gekennzeichnet, schreibt drittens Trägerobjekten Qualitäten zu, weiß viertens um die Situationsabhängigkeit der Phänomene und bewegt sich fünftens innerhalb polarisierter Qualitäten.[10]

Die von Immanuel Kant in der *Kritik der reinen Vernunft* (KrV) vollzogene Analyse des Erfahrungsbegriffs zeitigt folgendes Ergebnis: Wenn im Zuge der Erkenntnisgewinnung Erfahrungen «gemacht» werden, so steht dieser Prozess unter Bedingungen – Begriffen, Überzeugungen, Interessen –, die selbst nicht Erfahrungen darstellen. Erfahrung basiert auf «sinnlichen Empfindungen»; diese bilden das passive oder «rezeptive» Moment empirischer Erkenntnis, machen diese aber noch nicht aus. Von Erfahrungs*erkenntnis* lässt sich erst dann reden, wenn die Sinnesempfindungen oder -eindrücke geordnet und in eine «Form» gebracht worden sind. Diese apriorische Form bildet das aktive (oder «spontane») Moment der empirischen Erkenntnis. An diesem «Apriori» der Erfahrung unterscheidet Kant die reinen Formen der Sinnlichkeit, nämlich Raum und Zeit, von den Kategorien oder reinen Verstandesbegriffen, in denen das sinnlich Erfasste denkend geformt wird.[11] Schien das Kategoriensystem zunächst aus den logischen Funktionen des menschlichen Verstandes ableitbar und damit festgeschrieben, so setzte sich im 20. Jahrhundert die Einsicht durch, dass auch es historischem Wandel und kultureller Prägung unterliegt. Die Vielfalt der Begriffs- und Symbolsysteme, in denen für die jeweilige Kultur festgelegt ist, wie man Erfahrung erwirbt, zeitigt eine Vielfalt von Erfahrungen.

Diese Vielfalt findet sich nicht nur bei Erfahrungen im Sinne empirischer Erkenntnisse, sondern ebenso bei Erfahrungen, die primär als *Widerfahrnisse* erlebt werden. Ich bezeichne das Moment des Widerfahrnisses beim Machen von Erfahrungen unter Bezugnahme

---

10 G. Böhme: «Die Verwissenschaftlichung der Erfahrung. Wissenschaftsdidaktische Konsequenzen», in: *Entfremdete Wissenschaft*, hg. von G. Böhme und M. von Engelhardt, Frankfurt/M. 1979, S. 124–126.
11 KrV A 19ff. / B 33ff.

auf griech. πάθος (pathos)[12] als *pathische Erfahrung*.[13] Ohne Zweifel haben *alle* Erfahrungen pathische Züge. Das gilt auch für das wissenschaftliche Experiment, durch das wir von der Natur belehrt werden wollen, allerdings – nach Kant – «nicht in der Qualität eines Schülers […], sondern eines bestallten Richters, der die Zeugen nötigt, auf die Fragen zu antworten, die er ihnen vorlegt».[14]

Aus Erfahrungen lernen?

Wie steht es um das Verhältnis zwischen Erfahrung qua Widerfahrnis (pathische Erfahrung) und Erfahrung qua empirischer Erkenntnis, wenn es darum geht, aus Erfahrungen zu *lernen*? Enthält schon das Widerfahrnis als solches eine Belehrung, d.h. eine Erkenntnis oder Einsicht, oder kann erst nach (intellektueller) Verarbeitung des Widerfahrnisses von Erfahrung im Sinne von Erkenntnis oder Einsicht die Rede sein? In empiristischer und auch kantianischer Sicht ist es unser Verstand, der mit der formierenden Bearbeitung der Sinneseindrücke Erkenntnis, lerntheoretisch gesagt: eine Belehrung zustande bringt, welche die Basis für weiteres Lernen abgibt. Daraus ergibt sich, dass aus Erfahrung deshalb gelernt werden kann, weil sie schon selbst ein Verständnis der Dinge beinhaltet, über das wir durch sie belehrt werden, weil sie schon selbst ein – wenn auch noch so rudimentäres – Wissen ist. Denn Lernen ist «Aneignung von Neuem, noch Unbekanntem auf Grund von schon Bekanntem, von noch Ungekonntem auf Grund von schon Gekonntem».[15] Diese Sicht auf das Verhältnis von Lernen

---

12 Zu pathos in der Bedeutung «Widerfahrnis» vgl. Helmut Holzhey: *Kants Erfahrungsbegriff. Quellengeschichtliche und bedeutungsanalytische Untersuchungen*, Basel, Stuttgart 1970, S. 43ff.
13 Eine umfassende Analyse des Pathischen im Anschluss an Viktor von Weizsäcker bietet Hartwig Wiedebach: *Pathische Urteilskraft*, Freiburg, München 2014. – Auf den Zusammenhang von Erfahrung und Leiden gehe ich unten in Kap. IX ein.
14 KrV B XIV.
15 Günther Buck: *Lernen und Erfahrung – Epagogik. Zum Begriff der didaktischen Induktion*, 3., um einen dritten Teil erweiterte Auflage, hg. und mit einem Vorwort versehen von E. Vollrath, Darmstadt 1989, S.11.

und Erfahrung impliziert, dass man Erfahrung nicht mit einem Widerfahrnis, und sei es mit dem Widerfahrnis eines Sinneseindrucks, gleichsetzt, sondern sie als eine elementare Erkenntnis begreift, die wohl ein passives Moment besitzt, das jedoch bereits durch eine geistige Aktivität zu einem Wissen verarbeitet worden ist. Da das Lernen nicht bloß ein kognitiver Vorgang ist, gilt das Gesagte auch dann, wenn das Erfahren im *praktischen* Umgang mit Dingen und Menschen verwurzelt ist.

Entscheidend für die Gründung des Lernens in Erfahrung ist aber nun die *Jemeinigkeit* des Erfahrens. Dazu schreibt Hegel:

> Das Prinzip der Erfahrung enthält die unendlich wichtige Bestimmung, dass für das Annehmen und Fürwahrhalten eines Inhalts der Mensch selbst dabei sein müsse, bestimmter, dass er solchen Inhalt mit der Gewissheit seiner selbst in Einigkeit und vereinigt finde. Er muss selbst dabei sein, sei es nur mit seinen äußerlichen Sinnen oder aber mit seinem tieferen Geiste, seinem wesentlichen Selbstbewusstsein.[16]

Diese Subjektivität der Erfahrung gibt zugleich einen Hinweis darauf, warum – wie häufig beklagt wird – aus Erfahrungen individuell wie kollektiv so wenig gelernt wird. Jeder muss seine Erfahrungen selbst machen und aus ihnen lernen; *andere* können schwerlich aus meinen Erfahrungen lernen.

Ob und inwieweit gelernt wird, hängt gewiss vom Charakter und den Umständen, auch vom Lebensalter ab; und das Urteil darüber verändert sich mit der Länge der Zeit, die seit einer einschlägigen Erfahrung verflossen ist. Das grundsätzliche Problem besteht aber darin, dass lehrbar sein muss, was man lernen soll oder will. Denn eine solche Lehrbarkeit ist in vielen Fällen beim Machen von Erfahrungen nicht gegeben. Aus einem Schicksalsschlag oder dem traumatisierenden Widerfahrnis etwa einer Vergewaltigung lässt sich von der betroffenen Person nichts lernen. Derartige «Erlebnisse» müssten erst zu einer Erfahrung verarbeitet werden, wenn

---

16 Georg Wilhelm Friedrich Hegel: *Enzyklopädie der philosophischen Wissenschaften im Grundrisse* (1830), § 7.

immer das gelingt.¹⁷ Natürlich gibt es eine Fülle nicht derart eingreifender Widerfahrnisse, auf die man sich sogar einstellen oder vorbereiten, denen man aber ebenso gut ausweichen kann, z.B. das Widerfahrnis einer Depression. Sie scheinen tatsächlich in artikulierbare Erfahrung überführbar, analog zum Weg vom Es zum Ich, allerdings oft nur mit größter Anstrengung. Aus und mit einer so gewonnenen Erfahrung ließe sich dann auch lernen.

Ein anderes aufschlussreiches Beispiel für das Problem der Lehrbarkeit von Erfahrung liefert Aristoteles. Am Ende der *Nikomachischen Ethik* unterscheidet er die Sophisten, die die Staatskunst lehren wollen, ohne sie zu praktizieren, von den Politikern, die gestützt auf Erfahrung und eine gewisse Routine politisch tätig sind, aber nicht über Politik zu schreiben oder zu reden imstande sind und erst recht nicht, andere in Politik auszubilden.¹⁸ Erfahrung ist für Politik conditio sine qua non, lässt sich aber nicht wie wissenschaftliches oder handwerkliches Wissen lehren – jeder muss sie selbst «machen» und in die «Kunst» der eigenen politischen Tätigkeit einfließen lassen.

Erfahrungen als Quelle von Einsichten

Als *Quelle* philosophischer Einsichten statt als kognitiver Besitz aufgefasst, ist Erfahrung wesentlich durch einen pathischen Zug, also durch das strukturelle Moment des *Erleidens* (vgl. Kap. IX) geprägt. Wer sich Beispiele für aus pathischer Erfahrung hervorquellende Einsichten zu vergegenwärtigen sucht, hat dabei allerdings selten die Philosophie, viel eher Religion vor Augen, genauer: die biographisch beschreibbare individuelle Einkehr in ein religiöses Leben oder die Umkehr dazu. Es legt sich nahe, bei der Annäherung an das, was philosophische Erfahrung beinhalten könnte, von solchen Erfahrungen religiöser Art auszugehen.

---

17 Zeugnisse mystischer Erfahrungen belegen, dass die Unmittelbarkeit der mystischen Selbst- und Gottes‹erkenntnis› der Umarbeitung zu einer sprachlich formulierbaren und damit lehrbaren Erfahrung widerstrebt; positiv gewendet: die Mystikerin hat die vermittelte Erfahrung immer schon hinter sich zu lassen gesucht.
18 Aristoteles: *Nikomachische Ethik* X 10. 1181a.

a) Ich führe *drei Beispiele religiöser Erfahrung* aus dem mir vertrauten Umfeld an: Mose will sich die spektakuläre Erscheinung eines brennenden, aber nicht verbrennenden Dornbuschs näher ansehen, und hört aus diesem wider alle Erwartung die Stimme Jahwes, der sich ihm vorstellt und ihm den Auftrag gibt, die Israeliten aus Ägypten herauszuführen (Ex 3). – Paulus stürzt vor Damaskus zu Boden (Apg 9,4), als ihm Gott «seinen Sohn offenbart», damit er ihn «unter den Heiden verkündige» (Gal 1,16), und ihn so 'verwandelt', nämlich von einem Verfolger der Christen zu einem Apostel Jesu Christi werden lässt. – Ein drittes Beispiel: die «Gartenszene» aus dem 8. Buch der *Confessiones* Augustins, an der sich zeigt, was religiöse Erfahrung im Vollsinn meint, dass nämlich «ein Selbst zwischen seinem Handeln und qualitativen Erleben einerseits, den narrativen Identitätsangeboten einer religiösen Tradition andererseits eine persönlich verantwortete, expressive Beziehung» schafft.[19] Augustin steht unmittelbar vor seiner «Bekehrung» zum Christentum, zu der ihm noch ein letzter Entschluss fehlt. Für die Beschreibung der diesen Schritt veranlassenden «Erfahrung» verwendet er literarische Topoi, die ihm aus seiner Lektüre bekannt waren, ohne dass man Anlass hat, einen konkret-historischen Kern der Bekehrung zu verneinen. Er schildert in der Ich-Form, wie er daran leidet, dass er die Entscheidung für Christus wieder und wieder aufgeschoben hat. Und fährt fort:

> Da auf einmal höre ich aus dem Nachbarhaus die Stimme eines Knaben oder Mädchens im Singsang wiederholen: 'Nimm es, lies es; nimm es, lies es!' Augenblicklich machte ich andere Miene, gespannt besann ich mich, ob unter Kindern bei irgendeinem Spiel so ein Leierliedchen üblich wäre, aber ich entsann mich nicht, das irgendwo gehört zu haben. Ich hemmte die Gewalt der Tränen und stand vom Boden auf: ich wusste keine andere Deutung, als dass mir Gott befehle, das Buch [des Apostels] zu öffnen und die Stelle zu lesen, auf die ich zuerst träfe.

Als er das tut, stößt er auf die Aufforderung: «'[...] ziehet an den Herrn Jesus Christus und pfleget nicht des Fleisches in seinen

---

19 Matthias Jung: «Qualitatives Erleben und artikulierter Sinn. Eine pragmatische Hermeneutik religiöser Erfahrung», in: Deutsche Zeitschrift für Philosophie 53 (2005) S. 239–256, zit. 256.

Lüsten'». Mit diesem Satz «strömte mir Gewissheit als ein Licht ins kummervolle Herz, dass alle Nacht des Zweifels hin und her verschwand».[20] – Was hat an der Szene Erfahrungscharakter? Augustin ist in Bereitschaft, aber es bricht etwas ein, etwas Unscheinbares: ein Singsang von nebenan, etwas fast Banales. Augustin hört; aber das ist keine elementare Sinneswahrnehmung, denn im Hören erreicht ihn eine «Botschaft», er hört nicht bloß den Singsang. Man kann anführen, dass er in seiner Erschütterung besonders offen oder sensibel ist, gewissermaßen erwartungsfreudig: 'Was höre ich da? Kenne ich ein solches Leierliedchen? Nein, dann hat es damit eine besondere Bedeutung' – Augustin nimmt es als Aufforderung, die Bibel irgendwo aufzuschlagen und zu lesen. Was er liest, bringt ihn zur Gewissheit des Glaubens. Es passiert kein Wunder, Augustin hört nicht etwa Gott selbst reden. Es widerfährt ihm etwas, das ihm damit zur Erfahrung wird, dass er es zugleich deutet. Der unscheinbare Vorgang ist nicht schon selbst die Erfahrung, von der Augustin erzählt. Erst dank seiner Deutung, mit der das Widerfahrnis seine Unmittelbarkeit verliert, wird das «Erlebte» zur mitteilbaren Erfahrung.[21]

Man kann mit diesen Beobachtungen nochmals die Einsicht vertiefen, dass Erfahrung durch geschichtliche Gegebenheiten, die emotionale Verfassung des erfahrenden Subjekts und das relevante Symbolsystem bestimmt wird. Von besonderem Interesse für das Verständnis philosophischer Erfahrung aber ist das strukturelle Moment produktiver Negativität, das in der religiösen Erfahrung besonders deutlich hervortritt: Mit der Gottesbegegnung bzw. Bekehrung entsteht ein neues Weltverhältnis, mit dem alle Tatsachen und Beziehungen in einem anderen Licht erscheinen.

b) Das lässt sich auch cum grano salis von der Begegnung mit Texten sagen, der sogenannten *hermeneutischen Erfahrung*, wie sie bei Lektüre und Interpretation zu machen ist, wenn dabei eine Vormeinung negiert wird und «neues» Verstehen einsetzt; Hans-Georg

---

20 Augustinus: *Confessiones / Bekenntnisse*. Eingel., übers. und erl. von Joseph Bernhart, München 1955, S. 414/5–416/7.
21 Zur Reziprozität von Erleben und Deutung in der persönlichen Erfahrung vgl. M. Jung, a.a.O., S. 249.

Gadamer grenzt diese Erfahrungsweise, jedenfalls in ihrer engeren Bedeutung, von allem *methodischen* Vorgehen in den Geisteswissenschaften ab. Es geht um das Verstehen, insbesondere in der auslegenden Aneignung von überlieferten Texten. Statt als zentralen Bestandteil wissenschaftlicher Erkenntnisgewinnung, die in den Naturwissenschaften auf die technische Beherrschung ihrer Gegenstände vorbereitet oder in den Geisteswissenschaften der kulturellen Erinnerung und Verständigung dient, macht Gadamer die Erfahrung des Verstehens als einen Prozess geltend, wie er *zwischen Ich und Du* spielt.

Eine genuine Ich-Du-Beziehung gibt insofern das Vorbild für eine hermeneutische Erfahrung ab, als sie durch Offenheit bestimmt ist: Ich erfahre den anderen Menschen als Du, das zu mir spricht und von dem ich mir etwas sagen lasse; vice versa. Auf die hermeneutische Situation angewandt: das Subjekt des Verstehens objektiviert z.B. einen überlieferten Text nicht einfach zu einem historischen Faktum oder instrumentalisiert ihn in der Interpretation gar für eigene Zwecke. Positiv gesehen beinhaltet die Applikation der Ich-Du-Beziehung, dass sich das verstehende Subjekt mit dem durch Verstehen aufzuschließenden Text in dessen Wirkung geschichtlich verbunden weiß. Und zwar so, dass es in einem (imaginären) Gespräch mit dem Text steht. Dazu gehört wesentlich, dass nicht nur der Leser oder Interpret mit Fragen an ihn herantritt, sondern dass dem Text zugebilligt wird, das «Vorverständnis» des Lesers oder Interpreten in Frage stellen zu können.[22]

Von *Erfahrung* lässt sich bei diesem Prozess deshalb reden, weil in ihm die Überlieferung nicht zu Gunsten der geisteswissenschaftlichen Erkenntnis präpariert wird, sondern ihr im verstehenden Zugang ein eigenes Wort gelassen wird, das «treffen» kann, sodass eine Vormeinung revidiert oder gar negiert werden muss. Letzteres ist entscheidend. Von Erfahrung im eigentlichen Sinne ist nur dann zu reden, wenn die Einsicht Platz greift: Es ist *nicht* so, wie ich zunächst gemeint habe.

---

22 Hans-Georg Gadamer: *Wahrheit und Methode. Grundzüge einer philosophischen Hermeneutik* (1960). Gesammelte Werke Bd. I, Tübingen 1990, S. 363–368.

Erfahrungen als Quelle philosophischer Einsichten

Das Gewicht, das die Negation von Vormeinungen und eingeübten Verhaltensweisen besitzt, ist auch in Beschreibungen philosophischer Initiation oder Erschütterung erkennbar. Von einer philosophischen Erfahrung oder *Denkerfahrung* kann etwa in dem Sinne die Rede sein, dass der Philosoph in seinem Streben nach zweifelsfreier Erkenntnis die Erfahrung macht, sein bisheriges Wissen zu verlieren und ins Nichtwissen zu stürzen. Mit «Denkerfahrung» umschreibe ich eine Belehrung, zu der es bei der intensiven Suche nach philosophischer Einsicht kommen kann – eine Belehrung, die dem Nachdenken eine wesentlich neue Richtung zu geben vermag (Platon spricht von einer «Umwendung der Seele»[23]). Solche Erfahrungen im Denken sind insbesondere für das Streben nach metaphysischer Erkenntnis belegt.

Kants Besinnung auf die Grenzen menschlicher Vernunft wurde nicht zuletzt dadurch veranlasst, dass er sich selbst dabei ertappte, gegen alle Einsicht seinem eigenen spekulativen Interesse gewissermaßen besinnungslos nachgegeben und die *Arcana Coelestia* des «Geistersehers» Emanuel Swedenborg studiert zu haben – «acht Quartbände voll Unsinn»,[24] wie er beschämt danach feststellen musste. In mühsamer Kleinarbeit ging er diesem Befund auf den Grund und machte dabei aus, was unserem Denken, was menschlicher Vernunft zu schaffen macht. Vernunft, das ist für ihn jenes Denkvermögen, mit dem wir es auf metaphysische Erkenntnis abgesehen haben. Unsere Vernunft ist aber, so Kants Denkerfahrung, bei der Beantwortung der Fragen, die sich ihr aus ihrer Vernunftnatur heraus stellen, überfordert; unser Denken, das im Aufschwung zur Metaphysik den Boden der Erfahrung verlässt, tendiert nicht nur zu Fehlschlüssen, sondern gerät in Widersprüche und verirrt sich generell in einem metaphysischen «Blendwerk». Ich spreche deshalb von einer pathischen *Denkerfahrung* bei Kant, weil den geschilderten «Auftritten des Zwiespalts und der Zerrüttungen»[25] in der Denkarbeit der Vernunft ein zweifaches Widerfahrnis zugrunde

---

23 Platon: *Politeia* VII 518 d.
24 Immanuel Kant: *Träume eines Geistersehers, erläutert durch Träume der Metaphysik* (1766), Akad.-Ausg. Bd. II, S. 360.
25 KrV A 407 / B 434.

liegt: das Widerfahrnis der Überwältigung durch das spekulative Interesse und das Widerfahrnis, beim Versuch der Befriedigung dieses Interesses auf Abwege zu geraten.

Zu welcher Einsicht wird Kant durch diese seine Denkerfahrung geführt? Als Konsequenz des zweifachen Widerfahrnisses sieht er sich dazu veranlasst, den Grenzen menschlicher Einsichtsfähigkeit nachzugehen und sie in einer «Logik der Wahrheit» abzustecken. Die «Erfahrung mit dem Misslingen der Metaphysik in ihrer bisherigen Geschichte» macht ihn zu einem Revolutionär der philosophischen «Denkart». Die Revolution besteht in der selbstkritischen Erkenntnis der begrenzten Leistungsfähigkeit der menschlichen Vernunft[26] und deren Bindung an den «Boden der Erfahrung»[27]. Dass diese Bindung aber immer wieder gelockert oder gar vergessen wird, lässt sich gemäß Kants weiterer Einsicht nicht verhindern. Dazu sind Antworten auf jene metaphysischen oder Sinnfragen zu wichtig, dazu ist der Fragedruck, der vom metaphysischen Sinnbedürfnis ausgeht, zu groß und unser Denken gegenüber der *condition humaine* zu willfährig. Obwohl unser Vernunftvermögen durch die Bestimmung seiner Grenzen desillusioniert sein sollte, jagt es weiter der Illusion nach, Erkenntnisse über Gott, Welt und Seele gewinnen zu können (vgl. Kap. III). Der seinem eigenen Vernunftgebrauch gegenüber kritische Philosoph muss immer wieder gegen sie ankämpfen, prinzipiell vermeidbar ist sie nicht (vgl. Kap. IV). So befindet er sich weder auf dem metaphysischen Flug noch bleibt er auf dem Boden der Erfahrung – sondern hält sich in der Schwebe, d.h. in einem Zustand zwischen der ersehnten Sicherheitsposition metaphysischer Gewissheit und deren Negation in ihrer ganzen Vieldeutigkeit, «von den realen Nöten bis zum Bewusstsein der Heimatlosigkeit im Universum».[28]

Es charakterisiert auch die von *Martin Heidegger* im Zuge der «Verwindung» der Metaphysik ins Spiel gebrachte «Erfahrung des Denkens», dass sie Widerfahrnis ist: «Jähe» einer «brückenlosen

---

26 Rüdiger Bubner: «Metaphysik und Erfahrung», in: neue hefte für philosophie 30/31, S. 9.
27 KrV A 3 / B 7.
28 Walter Schulz: *Metaphysik des Schwebens. Untersuchungen zur Geschichte der Ästhetik*, Pfullingen 1985, S. 416f.

Einkehr» in das «Gehören zum Sein».[29] Das «neue» Denken, heißt das, ereignet sich plötzlich und ohne kontinuierlichen Anschluss an das vertraute philosophisch-metaphysische Denken. So jedenfalls stellt es Heidegger in einer bestimmten Phase seiner späteren Philosophie dar. Die Rede von der «Erfahrung des Denkens» steht für ihn ganz im Dienste der Artikulation seines Grundgedankens; Erfahrung stimmt das Denken auf das Sein ein, dem es «gehört» oder gehorcht. Mit «Erfahrung des Denkens» wird ein Denkgeschehen beschrieben, in dem das Sein – statt denkend erzeugt zu werden – das Wort hat. Die Denkerfahrung mündet hier nicht in eine Einsicht, sondern ist selbst die Einsicht.

Ähnlich und doch wieder ganz anders nimmt auch Hegel das Wort «Erfahrung» für die Bewegung des philosophischen Denkens in Anspruch, indem er es die Wendungen des «Bewusstseins» und seines Gegenstandes auf dem Weg zum wahren Wissen bezeichnen lässt. Unfreiwilligkeit und Negativität sind die Merkmale dieser «Erfahrung des Bewusstseins»; Hegel vergleicht sie mit dem «Hinausgerissenwerden» aus dem unmittelbaren Dasein des natürlichen Lebens.[30] Doch ist dieses *Widerfahrnis* nicht schon die volle *Denkerfahrung*, zu der es vielmehr gehört, dass aus der Negation ein Neues entspringt. Philosophie hat nicht nur Erfahrung zum Thema, sondern gewinnt sich als absolutes Wissen im – durch bestimmte Negation vorangetriebenen – Denkprozess der Erfahrung. Insofern dieser Prozess alle Erfahrungen des Bewusstseins durchläuft, ist er Erfahrung von und mit der Erfahrung.

Gegen die Einbindung der Erfahrung in einen Denkprozess, der das *vollendete* Sichwissen zum Ziel hat, wendet Gadamer ein, dass Erfahrung eo ipso mit Offenheit für (neue) Erfahrungen verkoppelt sei, sodass sich ein mit «Erfahrung» benannter Denkprozess nie schließen könne.[31] Diese Kritik ist jedoch nur dann berechtigt, wenn Erfahrung anders als bei Hegel eo ipso mit *endlicher* menschlicher Vernunft verknüpft wird. Unter dieser philosophisch einschränkenden Voraussetzung weist Gadamer richtig auf das

---

29 Martin Heidegger: *Identität und Differenz*, Pfullingen 1957, S. 24.
30 G. W. F. Hegel: *Phänomenologie des Geistes*, Einleitung. Werke (Suhrkamp), Frankfurt/M. 1970, III, S. 74.
31 H.-G. Gadamer, a.a.O. (Anm. 22), S. 361.

aporetische Moment einer jeden Philosophie der Erfahrung hin, die als Theorie jene Erfahrung festschreiben muss, von der sie selbst bewegt wird.

Ein Hinweis auf die sogenannte *mystische Erfahrung* ist in diesem Punkt hilfreich. Sie bezeichnet als Sonderfall innerer Erfahrung das unmittelbare Zu-sich-selber-Kommen bzw. Zu-sich-selber-gekommen-Sein. Meister Eckhart spricht von der Erfahrung des «innersten Menschen» als einem «Schmecken». Dieser neben dem Riechen subjektivste, am wenigsten vergegenständlichende Sinn wird von ihm nicht, wie man meinen könnte, als *Mittel* in Anspruch genommen, um ein Wissen zu gewinnen, vielmehr ist mystische Erfahrung «in äußerster Schärfe nichts anderes als sie selber».[32] Diese Zuspitzung lässt die Spannung besonders spürbar werden, die alle Gestalten des Widerfahrnisses zeichnet: die Spannung zwischen dem Anspruch, im pathischen Erfahren als solchen *Selbsterkenntnis* zu finden, diese also dem Erfahren selbst zuzuerkennen, und der Nötigung, die Einlösung jenes Anspruchs in sich widersprüchlich als ein *unmittelbares* Erkennen zu kennzeichnen. Die Berufung auf eine begriffslose unmittelbare Erfahrung in der Mystik muss deshalb – wie das Erlebnis der Konversion – als Grenzfall der Inanspruchnahme der Erfahrungsquelle eingestuft werden, als ein Grenzfall, bei dem die Differenz zwischen dem Widerfahrnis und der aus ihm gewonnenen Einsicht relativiert oder gar ganz zum Verschwinden gebracht wird.

Die Frage als Antwort

Kann Erfahrung zur (Quelle einer) Antwort auf die große, d.h. metaphysische Sinnfrage werden? Für religiöse Erfahrung ist das individuell durchaus zu bejahen, kaum aber für Erfahrungen beim ins Transzendente zielenden philosophischen Nachdenken, in denen sich eher die Endlichkeit menschlicher Vernunft manifestiert. Wie die der «Kritik» verpflichtete Philosophie Kants beispielhaft zeigt, führen Erfahrungen bei der Suche nach metaphysischen Einsich-

---

32 Alois Maria Haas: «Die Problematik von Sprache und Erfahrung in der deutschen Mystik», in: Werner Beierwaltes u.a. (Hg.): *Grundfragen der Mystik*, Einsiedeln 1974, S. 73–104.

ten nicht zu einer Beantwortung der die menschliche Vernunft heimsuchenden Fragen, wenngleich auch nicht zu deren Verabschiedung. Nach metaphysischen Einsichten suchendes und dabei auf Selbstkritik seiner Ansprüche zurückgeworfenes Denken bleibt ein kritisches, was heißt, dass es immer wieder zum Abstecken seiner Grenzen herausgefordert wird. Die philosophische Denkerfahrung Kants führt ihn nicht zu einer überzeugenden Antwort auf die 'letzten' Fragen, sondern – mit dem von ihm gebrauchten Bild gesagt – nur zu einer Ansiedlung transzendierenden Denkens auf der Grenze zwischen dem festen Land der auf Sinneserfahrungen und ihrer Formierung basierenden Erkenntnisse einerseits, dem bodenlosen Ozean bloß scheinhafter metaphysischer Einsichten andererseits.[33] Für die mystische Erfahrung der radikalen Einkehr bei sich selbst wie für Heideggers «Erfahrung des Denkens» lässt sich wohl sagen, dass in ihnen Erfahrung und Einsicht zusammenfallen, Erfahrung so aber nicht als eine in Worten zu gebende Antwort auf die Sinnfrage zu dechiffrieren ist. Man bleibt hinsichtlich einer Antwort auf Hoffnung verwiesen. Um nicht ins Illusionäre abzudriften, kann sich diese Hoffnung an der metaphysischen Sinnfrage als solcher nähren (vgl. Kap. VII). Doch wenn sich letztere auch – z.B. im Rückblick auf das eigene Leben – in der Form «Ist das denn alles?» meldet (Adorno), so ist mit diesem Seufzer keine Antwort gestiftet, sondern eher wieder die Erfahrung gemacht, von einer bestürzenden Frage heimgesucht zu werden. Dieser Befund bringt den Gedanken ins Spiel, dass metaphysisches Denken an sich selbst leidet. Ihm will ich im letzten Kapitel nachgehen.

---

33 KrV A 235f. / B 294f.

IX Denken im Modus des Leidens

Was hat Denken mit Leiden zu tun? Leiden an und in der Vorbereitung eines Vortrags oder beim Schreiben eines Buchs ist Referenten und Autoren wohl vertraut. Wenn auch Denken bei solcher Tätigkeit eine wesentliche Rolle spielt, bezieht sich doch das damit einhergehende Leiden auf den Umstand, nicht wie gewünscht voranzukommen, keine Einfälle mehr zu haben, eine innere Leere zu spüren usw., jedoch nicht auf das Denken selbst. Dieses stufen wir generell, jedenfalls nach gängigem philosophischem Verständnis, als Aktivität ein. So unterscheidet Kant gerade das spontane, aus sich heraus (sua sponte) Vorstellungen erzeugende Denken von der rezeptiven sinnlichen Anschauung.[1] Sprechen wir von Leiden im Denken, dann schreiben wir ihm ein Moment der Passivität und Rezeptivität oder Empfänglichkeit zu. Das ist zunächst einmal wenig plausibel.

Durch Leiden lernen

Die im letzten Kapitel gestellte Frage, ob und in welchem Sinne Erfahrungen belehren können, also aus ihnen oder durch sie zu lernen ist, berührt das Problem des Lernens durch *Leiden*. Verfolgen wir dieses Problem genauer, so bereichert sich damit nicht nur unser Nachdenken über Erfahrung, es fällt auch Licht auf den Zusammenhang von Leiden und Denken. Wir betrachten diesen Zusammenhang im Ausgang von dem alten griechischen Wort «Durch Leiden lernen» (πάθει μάθος). Diese Sentenz ist literarisch in der um 460 v. Chr. aufgeführten Tragödie *Agamemnon* von Aischylos zu finden. Was besagt sie? Nicht so sehr, dass Leiden eine Einsicht vermittelt, als vielmehr, dass Leiden beim Betroffenen ein Nachdenken über sich selbst in Gang setzt, dass Leiden ein Lernen gewissermaßen am eigenen Leibe ist. Die Belehrung des Leidens betrifft die Existenz des leidenden Menschen als solche. Bei Aischylos heißt es weiter:

---

[1] KrV A 50f. / B 74f.

> Statt des Schlafs klopft uns ans Herz
> Angst, die Leid erinnert: Wider
> Willen selbst die Einsicht kommt.
> Das ist Gunst der Götter, hart sitzend
> Am heiligen Steuer.[2]

Für den Dichter bietet das Leiden die Chance, dass sich der wegen seines Frevels Leidende zu einem einsichtigen Menschen (sophron) wandelt, gelangt er doch in und durch das Leiden zur Einsicht in die von ihm verletzte Ordnung und bemüht sich nun, sich dieser Ordnung wieder einzufügen. Das meint nicht, dass er nachträglich – gemäß dem Sprichwort «Durch Schaden wird man klug» – eine Lehre aus dem Schicksalsschlag zieht.

Von dieser Sinnbestimmung menschlichen Leidens – und zweifelsohne handelt es sich um eine Sinnbestimmung – sind theoretische Erklärungen zu unterscheiden, die nicht dem Leiden selbst entspringen und also nicht durch Leiden 'erlernt' werden. Solche Erklärungen des eigenen Leids können darin bestehen, dass dessen Ursache in einem von Gott oder den Göttern bestimmten Schicksal gesehen wird. Denken über eigenes oder fremdes Leiden artikuliert sich beispielsweise in mythisch-erzählender Form oder philosophisch-rational. Sobald eine solche theoria auftaucht, ist sie auch schon umstritten. Gegen sie erhebt bereits Platon seine Stimme, indem er im Staat[3] dafür argumentiert, dass Gott nur Ursache des Guten sein kann, nicht des Schlechten. Schlechtes zu erleiden, das dürfe nur heißen, bestraft und durch die Strafe gefördert zu werden. Letzteres kann allerdings Unterschiedliches meinen, je nachdem ob der Betroffene selbst sein Leiden so zu verstehen lernt oder ob es als eine allgemeine Erklärung für Leiden daherkommt.

Dass Leiden als Strafe aufzufassen sei, das ist bei aller Kritik bis in unsere Tage ein vertrautes Erklärungsmuster. Es findet sich neben anderen Begründungen, mit denen Leiden verstehend zu bewältigen gesucht wird, auch in der Bibel – hier aber, insbesondere bei den Propheten, verbunden mit dem Bußruf zur Umkehr. Durch Leiden zu lernen: das bedeutet im Alten Testament, dass sich das

---

2 Aischylos: Agamemnon 176ff.
3 Platon: Politeia 379aff.

Volk Israel wie der Einzelne durch Opfer, Klage, Gebet wieder in die Nähe Gottes bringt und unter seinen Schutz stellt. Doch gibt es keine durchgreifende Erlösung: Insbesondere das Leiden des Unschuldigen beinhaltet für diesen und sein Umfeld eine bleibende Aporie. – Für das Neue Testament ist es der auf Gott vertrauende *Glaube*, mit dem allein Leiden bewältigt, mindestens besser ertragen werden kann. Dieser Glaube beinhaltet keine Erklärung oder Rechtfertigung des Leidens. Die Evangelien berichten, wie schwer leidende Menschen Jesus gläubig vertrauen und aufgrund ihres Glaubens geheilt werden. Dieser Glaube hat nicht den Charakter einer theoretischen Einstellung, er ist vielmehr Vertrauen, mit dem das eigene oder fremdes Leiden Gott anheimgestellt wird. Diese Form der Bewältigung menschlichen Leidens erhält dadurch eine ganz neue Dimension, die für die Freunde Jesu an dessen Kreuz sichtbar wird: Gott selbst ist das Leiden nicht fremd. Sie 'lernen' in der Teilhabe an Jesu Leiden, dass ihrem Leiden und menschlichen Leiden überhaupt der Stachel gezogen ist: Es widerspricht nicht mehr der göttlichen Güte, es bleibt nicht mehr letztlich unverständlich, es wird für Christen sogar Bestandteil ihrer Nachfolge. Wieder ist es ein Lernen 'am eigenen Leibe'; Paulus beschreibt es im zweiten Brief an die Korinther (4,8ff.) so:

> In allem werden wir bedrängt, aber nicht in die Enge getrieben, [...] zu Boden geworfen, aber nicht vernichtet; allezeit tragen wir das Sterben Jesu am Leibe herum, damit auch das Leben Jesu an unsrem Leibe offenbar werde.

In eine Kurzformel gepresst: im Leiden glauben lernen, im Glauben leiden lernen. Dieses Lernen untersteht dem christlichen Paradox, wieder nach Paulus (2 Kor 12,9): «die Kraft erreicht ihre Vollendung in Schwachheit».

Radikal entgegengesetzt bietet Seneca, Zeitgenosse von Paulus, philosophisches Denken gegen das «schwer zu Tragende» auf: «Tragt es tapfer», schreibt er. «Das ist es, worin ihr dem Gott überlegen seid: er steht *außerhalb* des Erleidens von Unglück, ihr *über* dem Erleiden.»[4] Der Gott selbst rät, Schmerz, Tod und Schicksal zu verachten. Und schließlich «steht der Weg aus dem Leben offen»,

---

4   Seneca: *Über die Vorsehung (De providentia)* VI-6.

der Suizid. Seneca tritt dem Leiden mit philosophischen Argumenten *entgegen*, er zieht diese nicht *aus* der Erfahrung des Leidens. Er begegnet dem Leiden aber auch, formal verwandt mit Paulus, nicht mit bloßer Theorie, sondern mit 'Lebenskunst', d.h. mit einem logosgemäßen *Leben* in der Haltung der *apatheia*, der Freiheit von allen Gemütsbewegungen.

Die Versuche zur philosophisch-theoretischen Bewältigung des Leidens mündeten in die *Theodizee* der frühen Neuzeit, die wiederum mit Kants Kritik ihr Leben aushauchte. Am Schluss seines Nachweises, dass «alle philosophischen Versuche in der Theodizee» misslingen müssen, liefert Kant aber doch einen späten Beitrag zum Lernen durch Leiden. Er hebt nämlich von der philosophisch erledigten doktrinalen Theodizee den Vorgang einer *authentischen* Theodizee ab. Eine solche Theodizee ist für ihn dadurch charakterisiert, dass nicht hermeneutische Vernunft, sondern Gott selbst – wenn auch durch unsere Vernunft – als «der Ausleger seines durch die Schöpfung verkündigten Willens» in Anspruch genommen wird.[5] Hiob ist für Kant Zeuge dieser authentischen Rechtfertigung Gottes angesichts unverschuldeten Leidens. «Der Mensch wird gemahnt durch Schmerz auf seinem Lager» (Hiob 33,19). Welche Einsicht empfängt Hiob durch das fast unerträgliche Leiden? Nur die, dass Gottes Wille und Wirken unerforschlich sind. Er überlässt damit das Verständnis göttlichen Wirkens allein Gott selbst – und bewahrt sich so seine Frömmigkeit. Er versteht Gott nicht, seine Vernunft ist bei der Suche nach Gründen für sein Leiden überfordert: «ich habe», so bekennt er am Schluss, «im Unverstand geredet über Dinge, die zu wunderbar für mich und unbegreiflich sind» (42,3) – das ist seine *Einsicht*, keine bloße Aporie, aber auch keine negative Theologie, überhaupt keine Theologie, sondern? In Kants Sicht ist Hiobs Bekenntnis, unverständig über den Ursprung und Grund seines Leidens geredet zu haben, Ausdruck einer Haltung, nämlich Ausdruck von Aufrichtigkeit und Redlichkeit «in Bemerkung des Unvermögens unserer Vernunft».[6]

---

5 I. Kant: *Über das Misslingen aller philosophischen Versuche in der Theodicee* (1791), Akad.-Ausg. Bd. VIII, S. 264.
6 Ebd., S. 267.

Leiden und Erfahrung

Bisher stand *Lernen durch Leiden* im Fokus. Könnten Denken und Leiden aber nicht noch inniger verbunden sein, sodass von einer Immanenz des *Leidens im Denken* statt bloß von einer Immanenz des Denkens im Leiden zu reden wäre? Was für ein Leiden aber sollte im Denken stecken? Schon die Frage hat nur dann einen Sinn, wenn «Leiden» nicht bloß Übel oder Unglück bedeutet. Bei genauerem Hinsehen zeigt sich auch schnell, dass der Bedeutungshorizont des Wortes ein viel weiterer ist. Der deutsche Sprachgebrauch kennt Leiden als Erleiden *von* etwas (z.B. eines epileptischen Anfalls) und als Leiden *an* etwas (z.B. an den Folgen eines Unfalls); ersteres Leiden (Erleiden) hat häufig den Charakter eines Widerfahrnisses, letzteres Leiden erstreckt sich in der Zeit, wird bewusst wahrgenommen, veranlasst zu Nachdenken und kontrolliertem Umgang. Beide Weisen des Leidens gehören dem subjektiven Erleben zu, dem Erleben eines mir und dir Zustoßenden oder Zugestoßenen, und markieren keinen objektiven Tatbestand, wie wir ihn im Wort «Leid» oder – präzisiert und zugleich eingeengt – im Wort «Schmerz» ansprechen.

«Leiden» steht in relativem Gegensatz zu aktivem Tun und Handeln. Zum Bedeutungsfeld des Wortes gehören dabei recht verschiedene Formen leidenden, d.h. – unscharf ausgedrückt – *passiven* Verhaltens zur Wirklichkeit. Bei der Empfindung bzw. Wahrnehmung, bei Emotionen und Affekten ist Leiden im Spiel, nicht nur bei Unfällen, Krankheiten oder Unglück. Denn unsere Wahrnehmungen bauen auf *Sinneseindrücken* auf, wie wir sagen; und einen Wutanfall erleiden wir, eine Leidenschaft überkommt uns. Aristoteles hat sogar das Begriffspaar *tun – leiden* in seine Kategorienliste aufgenommen und damit als Grundstruktur alles Seienden namhaft gemacht.

Nehmen wir die sprachlichen Beobachtungen gesamthaft in den Blick, so fällt die semantische Nähe von «leiden» und «*erfahren*», insbesondere von «erleiden» und «erfahren», auf. Im Blick darauf, dass Leid immer unerwartet und ungewollt über den Menschen kommt, ihn als ganzen trifft und von ihm unvertretbar getragen werden muss, kann Leiderfahrung als ein ausgezeichneter Fall eines Widerfahrnisses bezeichnet werden.

Machen wir nun auch so etwas wie eine pathische Erfahrung im *Denken*? Der Frage wurde im vorangehenden Kapitel nachgegangen. Die dort an Beispielen beleuchtete Denkerfahrung lässt sich in ihrem Widerfahrnischarakter als *Leiden* des metaphysischen Denkens an sich selbst beschreiben. Für *Kant* leidet die menschliche Vernunft bei ihren vergeblichen und doch nicht aufgebbaren Versuchen, das metaphysische Bedürfnis nach Einsichten in das, was die Welt im Innersten zusammenhält, einzulösen. *Heidegger* stößt bis zur Abgründigkeit metaphysischen Denkens vor. Er geht davon aus, dass dieses ein *Gründen* ist, das sich in dreifacher Gestalt vollzieht als Stiften, Bodennehmen und Begründen. Gründen beinhaltet ein Transzendieren des menschlichen «Daseins», das dessen Freiheit bekundet. Der Grund «entspringt» dieser endlichen Freiheit, er hat seinen «Ursprung» und in diesem Sinne seinen Grund in ihr. «Die Freiheit ist der Grund des Grundes. [...] Als *dieser* Grund aber ist die Freiheit der Ab-grund des Daseins.» Gründen ist abgründig, weil es in grundloser Freiheit «gründet». «Das Aufbrechen des Abgrundes in der gründenden Transzendenz ist [...] die Urbewegung, die die Freiheit mit uns selbst vollzieht», indem sie den Menschen «in Möglichkeiten» stellt, «die vor seiner endlichen Wahl, d.h. in seinem Schicksal, aufklaffen».[7]

Anders *Hegel*: In dessen *Phänomenologie des Geistes* (1807) gewinnt metaphysisches Denken, statt an seinem Versagen oder seiner Abgründigkeit unabänderlich zu leiden, ein positives Verhältnis zu seinem eigenen Leiden, indem es dieses in sich aufnimmt und so zu einer Antwort auf die es stimulierenden Fragen gelangt.

Vom Umgang mit dem an sich selbst leidenden metaphysischen Denken

a) In der akademischen Philosophie

Wie legt Hegel die Therapie des an sich selbst leidenden metaphysischen Denkens an? Er zeigt, wie das Denken selbst in seinem Prozess der Selbstvergewisserung auf Leiden als seinen 'Motor' an-

---

7   Martin Heidegger: *Vom Wesen des Grundes* (1929), 8. unv. Aufl., Frankfurt/M. 1995, S. 53f.

gewiesen ist. Auf dem Weg zum wahren Wissen macht das «Bewusstsein» wiederholt die «Erfahrung» (vgl. Kap. VIII), dass sich das auf einer ersten Stufe für sicher gehaltene Wissen bei näherer Reflexion von innen heraus zersetzt. So schon für die sinnliche Gewissheit, wie sie sich im Satz äußert: Hier vor mir liegt ein Bogen Papier. Das stimmt aber nicht mehr, sobald ich mich an einen anderen Ort begebe. Ich habe mit «hier» eine Ortsangabe gemacht, die der Unmittelbarkeit der sinnlichen Gewissheit nicht adäquat ist, weil sie etwas Allgemeines ins Spiel bringt. Die sinnliche Gewissheit ist also mit ihrer sprachlichen Fixierung in etwas anderes, nämlich in Wahrnehmung, übergegangen. Das Bewusstsein «leidet [...] Gewalt, sich die beschränkte Befriedigung zu verderben», die es bei seinem 'normalen' Wissen empfindet; es leidet diese Gewalt «von ihm selbst», indem sich ihm das, was wahr schien, als unwahr erweist.[8] Aus diesem Leiden entspringt ein Neues. Philosophie hat nicht nur Erfahrung zum Thema, sie ist nicht nur Wissenschaft von der «Erfahrung des Bewusstseins», sondern Philosophie besteht, ja wird überhaupt erst in diesem Denkprozess der Erfahrung, einem Prozess, der von Einsicht zu Einsicht durch die jeweilige Negation eines vorgeblichen Wissens systematisch vorangetrieben wird. Indem dieser Denkprozess alle Wissensbestände durchläuft, ist er gänzlich durch das Widerfahrnis geprägt, dass sich fortlaufend dasjenige, was eben noch für wahr galt, als unwahr erweist. In dieser Positivierung des an sich selbst leidenden Denkens wird das Leiden am jeweiligen Herausgerissenwerden aus vermeintlichen Gewissheiten zum 'Motor' des denkenden Fortgangs auf dem Weg des sich vollendenden absoluten Sichwissens. Das Ziel wird erst im vollständigen Durchgang aller Stationen dieses Leidensweges erreicht, ja ist von diesem Durchgang nicht zu trennen. Für Hegel repräsentiert dieser Prozess «das Leben Gottes und das göttliche Erkennen». Das ist keineswegs erbaulich gemeint, vielmehr gehören dieser Idee von Gott «der Ernst, der Schmerz, die Geduld und Arbeit des Negativen» wesentlich zu.[9]

---

8 G. W. F. Hegel: *Phänomenologie des Geistes*, Einleitung. Werke (Suhrkamp), Frankfurt/M. 1970, Bd. III, S. 74.
9 Ebd., Vorrede, S. 24.

Radikal anders verfährt *die positivistische und sprachanalytische Metaphysikkritik*. Sie heilt das an seinem nicht zu befriedigenden metaphysischen Bedürfnis leidende Denken, indem sie ein empiristisches Sinnkriterium anbietet, mit dem sich metaphysische Aussagen als sinnlos weil nicht sachhaltig entlarven lassen.[10] In ähnlicher Tendenz hatte schon Friedrich Albert Lange in seiner *Geschichte des Materialismus* argumentiert, dass solchen Aussagen (bzw. Ideen) «jede theoretische Geltung im Gebiet des auf die Außenwelt gerichteten Erkennens» abgehe.[11] Der gemeinsame psychische Ursprung in der Phantasie und derselbe atheoretische Status verbänden diese metaphysische «Begriffsdichtung» mit der eigentlichen Poesie und mit der Religion. Der letztere Gedanke bildet die Basis einer Therapie durch Auslagerung des Problems aus der logischen in die ästhetische Sphäre: Das metaphysische Phantasieren findet im Positivismus seinen Spielplatz in der Kunst, wo es – frei von der Verpflichtung zur Wahrheit bzw. zur Überprüfung der Wahrheit – bloß der «Erbauung» dient.

b) In der Weisheit des Alltags
Das metaphysische Bedürfnis treibt nicht nur die akademische Philosophie um, sondern meldet sich gerade auch in der «Weltweisheit» unseres alltäglichen Lebens. Gewöhnlich tritt es meist in Grenzsituationen in der Form von Sinnfragen auf, in Situationen der Schuldverstrickung, der Angst, der Verzweiflung, des schweren körperlichen oder seelischen Leidens, des Sterbens und des Todes. Die 'letzten' Fragen lassen *Menschen* (wie in der akademischen Philosophie die *Vernunft*) leiden, wenn sie keine befriedigende, das 'gewöhnliche' Leiden mildernde Antwort finden. Während man sich im Blick auf das Leiden der Vernunft, insbesondere auf dem Hegel'schen Weg der völligen Selbstvergewisserung menschlichen Geistes, fragen kann, ob dessen Widerfahrnisse es wirklich verdienen, als Leiden bezeichnet zu werden, so steht das für den Kampf mit der Sinnfrage in jenen Grenzsituationen außer Frage. Gibt es

---

10 Vgl. Rudolf Carnap: *Scheinprobleme in der Philosophie. Das Fremdpsychische und der Realismusstreit*, Berlin 1928; Nachwort von Günther Patzig, Frankfurt/M. 1966.
11 Friedrich Albert Lange: *Geschichte des Materialismus und Kritik seiner Bedeutung in der Gegenwart*, Iserlohn 1866, S. 272.

für das zu statuierende Leiden an der Brüchigkeit aller philosophischen Antworten auf Lebensfragen eine Therapie? Die *Lebensweisheit* bietet dafür dies und jenes an. Man kann es mit Lessing halten:

> Wenn Gott in seiner Rechten alle Wahrheit und in seiner Linken den einzigen immer regen Trieb nach Wahrheit, obschon mit dem Zusatze, mich immer und ewig zu irren, verschlossen hielte und spräche zu mir: wähle! Ich fiele ihm mit Demut in seine Linke und sagte: Vater gib! Die reine Wahrheit ist ja doch nur für dich allein![12]

Oder man versucht, ganz ähnlich, die Sinnfragen mitsamt ihren immer wieder hinterfragbaren Antworten prinzipiell als Ausdruck der Last des Menschseins hin- und anzunehmen – sich durch sie an die ontologische Verfassung menschlichen Lebens, «dass ich bin und zu sein habe» (Heidegger), erinnern zu lassen und sich dabei, wie Sisyphos bei Camus, in «verschwiegener Freude» seinem Schicksal überlegen zu wissen. Aufs praktische Leben bezogen, könnte moderne *Lebenskunst* darüber hinaus das Angebot machen, die Sinnfragen selbst als Regulativ der eigenen Lebensführung einzusetzen, also aus dem Leiden an ihnen zu «lernen».

c) In der Erkenntnis der «Torheit» metaphysischen Denkens
Eine Therapie für das Leiden der menschlichen Vernunft an sich selbst und das damit verknüpfte Leiden des Vernunftwesens am endlichen Menschsein halten Weltweisheit und Lebenskunst nicht bereit. Auch der christliche Glaube impliziert nicht eigentlich Heilung von diesem geistigen Gebrechen, jedoch eine andere Einstellung, die Distanz zum metaphysischen Bedürfnis und der von ihm geplagten menschlichen Vernunft zulässt. Zentraler Inhalt dieses Glaubens ist, dass Gott in Jesus Mensch geworden ist und das Menschsein bis zum schmählichen Tod am Kreuz durchlitten hat. Was könnte das für das Leiden im und am metaphysischen Denken bedeuten? Paulus setzt beim «Wort vom Kreuz» (1 Kor 1,18) an. Mit diesem wird höchst provozierend der gekreuzigte Jesus als der messianische Erlöser verkündigt. Und das ist sowohl für die Juden ein Ärgernis als auch für die nach Weisheit suchenden griechischen

---

12 Gotthold Ephraim Lessing: *Eine Duplik*, in: Werke in drei Bänden, Bd. III, Winkler Verlag München 1972, S. 149.

Heiden eine *Torheit* (1,23), eine inakzeptable Zumutung. Im Wort vom Kreuz ist aus philosophischer Sicht Gott nicht erkennbar (1,21). Den Versuch einer philosophischen Annäherung zu unternehmen, scheint nur töricht. Eine Torheit zu sein, das dürfte meinen, dass das Wort vom Kreuz widervernünftig ist, also von dem abweicht, was als Wissen oder gut begründete Überzeugung anerkannt ist. Eine Torheit (aphrosyne) wurde von der gesamten griechischen Philosophie negativ bewertet, Paulus gibt ihr als Erster auch eine *positive* Qualität. Aber das Positive der Torheit besteht für ihn nur darin, dass sie dem Wort vom Kreuz bleibend anhaftet, dass sie das Leben derjenigen, die sich unter das Wort vom Kreuz stellen, prägt, dass sie nicht durch eine psychiatrische Behandlung oder durch bessere Einsicht zu überwinden ist.

Das Wort vom Kreuz ist tatsächlich eine Torheit. Die Griechen, wir können auch sagen: die Philosophen, sehen das durchaus richtig: ein gekreuzigter Gott ist für vernünftige Menschen nicht ernst zu nehmen. Nicht anders verhält es sich aber auch bei denjenigen, «die gerettet werden», den (erst später sich so nennenden) Christen. Es liegt da bei den einen wie den anderen kein Missverständnis vor, das man klären könnte. Die Differenz zwischen den Griechen und den Christen besteht nur darin, dass sie sich zu dieser Torheit je anders verhalten. Die Philosophen grenzen sich von ihr ab, für sie macht das Wort vom gekreuzigten Gott keinen Sinn. Paulus hingegen sieht sich und die Christen, an die er schreibt, durch diese Torheit geradezu definiert und als Toren oder Narren von Gott erwählt (1,27).

Toren sind die Adressaten des Wortes vom Kreuz. Im gekreuzigten Christus kommt Gott zu dem, was töricht, schwach und verachtet, ja nichts ist «vor der Welt». So die Botschaft. Aber wie ist sie zu *verstehen*, fragen die Weltweisen, wenn sie selbst eine Torheit oder Narrheit ist? Sie ist als Torheit nur von Toren zu verstehen, antwortet Paulus. Also nach vernünftigen Maßstäben gar nicht zu verstehen? fragen die Weltweisen zurück. Das beraubt uns unserer Existenzgrundlage, sagen sie sich. Paulus bestätigt das: «Hat Gott nicht die Weisheit der Welt als Torheit entlarvt?» (1,20). Indem Philosophen das Wort vom Kreuz als Torheit zurückweisen, statt es als Torheit anzunehmen, erweisen sie sich in dessen Licht selbst als Toren.

Gegenüber dem Wort vom Kreuz sind philosophisch verschiedene Haltungen denkbar. Ich unterscheide drei:

1. Ich lasse das Wort vom Kreuz, der Gottessohn habe als Mensch schlimmste Qualen erlitten und sei am Kreuz hingerichtet worden, sei es als Absurdität sei es als Geheimnis des Glaubens gelten, ohne weiter nachzufragen. Ich bekenne mich so zu einer Glaubenshaltung, die mit dem Gebrauch der Vernunft nichts zu tun hat («Fideismus»).

2. Ich verwerfe das Wort vom Kreuz als mit meinem und generell mit einem vernünftigen Gottesverständnis nicht vereinbar, weise also die Zuschreibung des Prädikats Tor oder Torheit strikt ab und stelle mich so auf den Standpunkt des griechischen Weltweisen.

3. Ich nehme das Wort vom Kreuz ernst und frage mich, ob und wie die ins Transzendente ausgreifende Vernunft, statt dem metaphysischen Bedürfnis zu willfahren, dem Törichten und Schwachen an Gott (1,25) das Wort lassen könnte – was hieße, dass sie das denkend gefundene Absolute oder Unbedingte nicht mehr mit Gott gleichsetzen[13] dürfte. Als modernes Beispiel für einen solchen Versuch verdient das Konzept des «schwachen Denkens» (pensiero debole) nähere Betrachtung, das der italienische Philosoph Gianni Vattimo 1983 vorstellte. Seinem Grundgedanken nach geht das Konzept von einer Schwächung der Vernunft im Verlauf der abendländischen Geistesgeschichte aus. Diese Schwächung besteht darin, dass der menschlichen Vernunft zunehmend die Fähigkeit abgesprochen wird, ein einheitliches Bild der Welt liefern zu können, was heißt, dass man sich mit einem Pluralismus von gleichermaßen gültigen Standpunkten abfindet. «Schwaches Denken» stellt sich positiv zu diesem Prozess der Entkräftung der Vernunft, positiv insbesondere zum Abschied von der Suche nach einem letzten Grund der Dinge. Doch das allein brächte das schwache Denken noch nicht in einen Zusammenhang mit der von Paulus gemeinten Torheit der Weltweisheit. Dieser Zusammenhang ergibt sich erst damit, dass Vattimo den Prozess der Schwächung der Vernunft mit der *kenosis* Gottes verbindet. Der christlichen Religionstradition liegt, schreibt Vattimo, «die Vorstellung von der Fleischwerdung Gottes zugrunde», «die sie als *kenosis* fasst, als Erniedrigung und,

---

13 Wie Anselm von Canterbury: *Proslogion*, cap. 3: «etwas, über das hinaus Größeres nicht gedacht werden kann [...] das bist Du, Herr, unser Gott.»

wie wir übersetzen würden, Schwächung».[14] Er bezieht sich dafür u.a. auf Philipper 2,6f.: Christus Jesus «war Gott gleich, hielt aber nicht daran fest, wie Gott zu sein, sondern er entäußerte sich (heauton ekenosen, semetipsum exinavivit) [...]». Die Schwächung der Vernunft bedeutet – mit der Botschaft von der Menschwerdung Gottes in Beziehung gebracht – nichts anderes als Säkularisierung, und diese ist für Vattimo der Modus, «in dem sich [...] die *kenosis* Gottes [...] verwirklicht». So verstanden kann Säkularisierung «nicht mehr als Phänomen der Preisgabe der Religion gesehen werden, sondern als, und sei es auch paradoxe, Verwirklichung ihrer tiefsten Berufung»,[15] die Vattimo in der Liebe (caritas) erkennt. Das «Geschick der Schwächung» der Vernunft ist Ausdruck der Fleischwerdung oder *kenosis* Gottes. Es koinzidiert mit der «antimetaphysischen Inspiration» einer «postmetaphysischen Philosophie».

Statt das Wort vom Kreuz mit der gängigen philosophischen Sicht als Torheit abzutun, gibt ihm Vattimo mit seiner Übersetzung in die Sprache «schwachen Denkens» eine rational nachvollziehbare positive Deutung. Religiös beurteilt verliert das Wort vom Kreuz dabei allerdings sowohl seine Anstößigkeit wie seinen eigentlichen Gehalt, der besagt, dass sich Gott selbst im Tod Christi des schwachen und leidenden Menschen angenommen hat. Und für die postmetaphysische Weltweisheit verliert das metaphysische Bedürfnis und mit ihm das Leiden der menschlichen Vernunft an der steten Zweifelhaftigkeit ihrer Erkenntnisse seine Bedeutung. Faktisch aber bleibt das Bedürfnis als Bekundung der *condition humaine* weiter virulent. Denn auch und gerade wenn transzendierende Vernunft vom metaphysischen Gott der Philosophen Abstand nimmt, ist die große Sinnfrage nicht verabschiedet.

Was aber hat sich damit geändert, dass der Versuch ihrer Beantwortung nun auf einen «schwachen» Gott der armen und leidenden Menschen statt auf die Idee des Absoluten Bezug nimmt? Die menschliche Vernunft sieht sich einem Gott gegenüber, dessen Existenz nicht mehr in einer übermenschlichen Denkanstrengung

---

14 Gianni Vattimo: *Jenseits der Interpretation. Die Bedeutung der Hermeneutik für die Philosophie*, Frankfurt/M. 1997, S. 75.

15 Ders.: *Jenseits des Christentums. Gibt es eine Welt ohne Gott?* München, Wien 2004, S. 38.

ausgewiesen werden muss, sondern mit einem Gott, der im Mensch gewordenen Logos (Joh 1,14) spricht. Das Leiden der Vernunft bleibt unumgänglich. Aber in diesem Leiden wird eine Stimme, die Stimme eines «schwachen Gottes» hörbar. Das geschieht allerdings nur dann, wenn sich das aufs Transzendente zielende philosophische Denken gegenüber dem Wort vom Kreuz zu seiner Torheit bekennt. In dieser Wendung öffnet sich der Philosoph für eine Antwort auf die metaphysischen Fragen nach «Unsterblichkeit, Freiheit und Gott» (um mich nochmals kantischer Stichworte zu bedienen), die nicht mehr aus dem Gebrauch seiner Vernunft resultiert, sondern im Geist der Weisheit Gottes erfolgt, die alle menschliche Weisheit übertrifft (1 Kor 1,24f.). Wenn ich meinen eigenen Weg hin zu einer derartigen Öffnung überdenke, so stoße ich in der Rückbesinnung sowohl auf Erfahrungen, die in wiederholter Konfrontation mit den Grenzen menschlichen Vernunftgebrauchs zu *machen* waren, wie auf *Widerfahrnisse*, in denen sich – wenn auch häufig überhört – jene andere Stimme vernehmen ließ.

Textnachweise

Sechs Kapiteln des Buchs liegen bereits publizierte Texte zugrunde. Sie wurden in den Prozess des Nachdenkens über die «große Sinnfrage» integriert und dafür zum größten Teil stark überarbeitet.

«Transzendenz», in: *Die Psychologie des 20. Jahrhunderts*, Bd. XV, Zürich 1979, S. 7–24

«Über das Verhältnis von Vernunft und Schicksal», in: Brigitte Boothe (Hg.), *Ordnung und Außer-Ordnung. Zwischen Erhalt und tödlicher Bürde*, Bern 2008, S. 183–196

«Das metaphysische Bedürfnis», in: Frank Grunert, Friedrich Vollhardt (Hg.), *Aufklärung als praktische Philosophie. Werner Schneiders zum 65. Geburtstag*, Tübingen 1998, S. 71–82

«Kritik der Vernunft und Selbstzerstörung», in: Hans-Jürg Braun (Hg.), *Selbstaggression, Selbstzerstörung, Suizid*, Zürich, München 1985, S. 33–45

«Das Böse. Vom ethischen zum metaphysischen Diskurs», in: Studia Philosophica 52 (1993) S. 7–27

«Hoffnung und Wahrheit. Zu Aphorismus 61 der Minima moralia», in: Georg Kohler, Stefan Müller-Doohm (Hg.), *Wozu Adorno? Beiträge zur Kritik und zum Fortbestand einer Schlüsseltheorie des 20. Jahrhunderts*, Weilerswist 2008, S. 292–306

Schwabe reflexe

reflexe 49
Nora Eckert
Wer und was ist Hamlet?
Erkundungen
2016. 120 Seiten
ISBN Printausgabe 978-3-7965-3621-2
ISBN E-Book (EPUB) 978-3-7965-3622-9

reflexe 48
Krise der Freiheit
Religion und westliche Welt
Plädoyer für ein gelassenes Verhältnis
2016. 76 Seiten.
ISBN Printausgabe 978-3-7965-3560-4
ISBN E-Book (EPUB) 978-3-7965-3562-8

reflexe 47
Macht und Gewalt im Widerstreit
Politisches Denken nach Hannah Arendt
2016. 201 Seiten.
ISBN Printausgabe 978-3-7965-3556-7
ISBN E-Book (PDF) 978-3-7965-3561-1

reflexe 46
Anton Hügli
Von der Schwierigkeit, vernünftig zu sein
2016. 235 Seiten.
ISBN Printausgabe 978-3-7965-3489-8
ISBN E-Book (PDF) 978-3-7965-3527-7

reflexe 45
Christine Christ-von Wedel
Erasmus von Rotterdam
Ein Porträt
2016. 192 Seiten.
ISBN Printausgabe 978-3-7965-3523-9
ISBN E-Book (PDF) 978-3-7965-3524-6

Schwabe reflexe

reflexe 44
Urs Marti-Brander
Rousseaus Schuld
Essays über die Entstehung philosophischer Feindbilder
2015. 216 Seiten.
ISBN Printausgabe 978-3-7965-3445-4
ISBN E-Book (PDF) 978-3-7965-3463-8

reflexe 43
Eduard Kaeser
Artfremde Subjekte
Subjektives Erleben bei Tieren, Pflanzen und Maschinen?
2015. 165 Seiten.
ISBN Printausgabe 978-3-7965-3432-4
ISBN E-Book (PDF) 978-3-7965-3433-1

reflexe 42
Emil Angehrn
Die Herausforderung des Negativen
Zwischen Sinnverlangen und Sinnentzug
2015. 210 Seiten.
ISBN Printausgabe 978-3-7965-3400-3
ISBN E-Book (PDF) 978-3-7965-3401-0

reflexe 40
Pierfrancesco Fiorato / Peter A. Schmid (Hg.)
«Ich bestreite den Hass im Menschenherzen»
Zu Hermann Cohens Begriff des grundlosen Hasses
2015. 180 Seiten.
ISBN Printausgabe 978-3-7965-3373-0
ISBN E-Book (PDF) 978-3-7965-3376-1

reflexe 39
Annemarie Pieper
Nachgedacht
Philosophische Streifzüge durch unseren Alltag
2014. 435 Seiten.
ISBN Printausgabe 978-3-7965-3358-7
ISBN E-Book (PDF) 978-3-7965-3359-4

Schwabe reflexe

reflexe 38
Maurizio Ferraris
Die Seele – ein iPad?
2014. 194 Seiten.
ISBN Printausgabe 978-3-7965-3333-4
ISBN E-Book (PDF) 978-3-7965-3334-1

reflexe 37
Martin Bondeli
Reinhold und Schopenhauer
Zwei Denkwelten im Banne von Vorstellung und Wille
2014. 117 Seiten.
ISBN Printausgabe 978-3-7965-3326-6
ISBN E-Book (PDF) 978-3-7965-3327-3

reflexe 36
Ernst Ziegler
Burckhardt und Schopenhauer
Eine Anthologie
2015. 110 Seiten.
ISBN Printausgabe 978-3-7965-3324-2
ISBN E-Book (PDF) 978-3-7965-3325-9

reflexe 35
Vittorio Hösle
Dantes *Commedia* und Goethes *Faust*
Ein Vergleich der beiden wichtigsten philosophischen Dichtungen Europas
2014. 76 Seiten.
ISBN Printausgabe 978-3-7965-3318-1
ISBN E-Book (PDF) 978-3-7965-3319-8

reflexe 34
Christoph Riedweg (Hg.)
Nach der Postmoderne
Aktuelle Debatten zu Kunst, Philosophie und Gesellschaft
2014. 311 Seiten. 72 Abbildungen.
ISBN 978-3-7965-3250-4

Schwabe reflexe

reflexe 33
Rolf Hochhuth
Invasionen
Zur Ethologie der Geschichte
Mit einem Nachwort von Johannes Rohbeck
2014. 231 Seiten. 1 Abbildung.
ISBN Printausgabe 978-3-7965-3253-5
ISBN eBook (PDF) 978-3-7965-3254-2

reflexe 32
Jean-Michel Wissmer
Heidi
Ein Schweizer Mythos erobert die Welt
2014. 168 Seiten. 10 Abbildungen.
ISBN Printausgabe 978-3-7965-3247-4
ISBN eBook (epub) 978-3-7965-3248-1

reflexe 31
Jean-Claude Wolf
François Fénelon
Gedanken zur reinen Gottesliebe
2014. 631 Seiten.
ISBN Printausgabe 978-3-7965-3242-9
ISBN eBook (PDF) 978-3-7965-3256-6

reflexe 30
Alexander Honold
Die Zeit schreiben
Jahreszeiten, Uhren und Kalender als Taktgeber der Literatur
2013. 293 Seiten.
ISBN Printausgabe 978-3-7965-3193-4
ISBN eBook (PDF) 978-3-7965-3241-2

reflexe 29
Rüdiger Görner
Hörgedanken
Musikliterarische Bagatellen und Etüden
2013. 135 Seiten.
ISBN Printausgabe 978-3-7965-2929-0
ISBN eBook (PDF) 978-3-7965-2930-6

Schwabe reflexe

reflexe 28
Vittorio Hösle
Zur Geschichte der Ästhetik und Poetik
2013. 102 Seiten.
ISBN Printausgabe 978-3-7965-2921-4
ISBN eBook (PDF) 978-3-7965-2922-1

reflexe 27
Daniel Hell
Krankheit als seelische Herausforderung
2013. 212 Seiten.
ISBN Printausgabe 978-3-7965-2896-5
ISBN eBook (PDF) 978-3-7965-2919-1

reflexe 26
Nora Eckert
Wegschauen geht nicht
Georg Büchner auf den Bühnen des 20. Jahrhunderts
2013. 148 Seiten.
ISBN Printausgabe 978-3-7965-2897-2
ISBN eBook (PDF) 978-3-7965-2927-6

reflexe 25
Martin R. von Ostheim
Selbsterlösung durch Erkenntnis
Die Gnosis im 2. Jahrhundert n. Chr.
2013. 98 Seiten.
ISBN Printausgabe 978-3-7965-2894-1
ISBN eBook (PDF) 978-3-7965-2925-2

reflexe 24
Eduard Kaeser
Multikulturalismus revisited
Ein philosophischer Essay
2012. 137 Seiten.
ISBN Printausgabe 978-3-7965-2873-6
ISBN eBook (PDF) 978-3-7965-2885-9

Schwabe reflexe

reflexe 23
Barbara Naumann
Bilderdämmerung
Bildkritik im Roman
2012. 164 Seiten, 23 Abbildungen, davon 14 in Farbe.
ISBN 978-3-7965-2861-3

reflexe 22
Barbara Handwerker Küchenhoff,
Doris Lier (Hrsg.)
Stadt der Seelenkunde
Psychoanalyse in Zürich
2012. 162 Seiten. ISBN 978-3-7965-2843-9

reflexe 21
Thomas Weibel
Takeaway
100 × 100 Sekunden Wissen
2012. 144 Seiten. 22 Grafiken.
ISBN Printausgabe 978-3-7965-2842-2
ISBN E-Book (PDF) 978-3-7965-2886-6

reflexe 20
Rolf Wiggershaus
Wittgenstein und Adorno
Zwei Spielarten modernen Philosophierens
2012. 148 Seiten. ISBN 978-3-7965-2819-4

reflexe 19
Karl Pestalozzi
Bergschluchten
Die Schluss-Szene von Goethes Faust
2012. 173 Seiten. ISBN 978-3-7965-2814-9

reflexe 18
Emil Angehrn
Geschichtsphilosophie
Eine Einführung
2012. 200 Seiten. ISBN 978-3-7965-2825-5

Schwabe reflexe

reflexe 17
Jürg Berthold
Stimmen
Aus dem beschädigten Selbstverständnis der Philosophie
2011. 143 Seiten. ISBN 978-3-7965-2770-8

reflexe 16
Ludger Lütkehaus
Das Schlimmste kommt zuletzt
Philosophische Bonsais
2011. 116 Seiten. ISBN 978-3-7965-2769-2

reflexe 15
Arnold Künzli
Tradition und Revolution
Plädoyer für einen nachmarxistischen Sozialismus
Mit einem Nachwort von Ueli Mäder
2011. 202 Seiten. ISBN 978-3-7965-2768-5

reflexe 14
Karl Jaspers
Die Chiffern der Transzendenz
Mit zwei Nachworten herausgegeben
von Anton Hügli und Hans Saner
2011. 143 Seiten. ISBN 978-3-7965-2767-8

reflexe 13
Johannes Hohlenberg
Søren Kierkegaard
Eine Biographie
Aus dem Dänischen übersetzt von Maria Bachmann-Isler
Herausgegeben von Theodor Wilhelm Bätscher
Mit einem Nachwort von Annemarie Pieper
2011. 465 Seiten. ISBN 978-3-7965-2740-1

reflexe 12
José Antonio Marina
Die Passion der Macht
Theorie und Praxis der Herrschaft
Aus dem Spanischen von Gerd Lamsfuß-Buschmann
Mit einem Nachwort von Martin Stingelin
2011. 189 Seiten. ISBN 978-3-7965-2739-5

Schwabe reflexe

reflexe 11
Ludger Lütkehaus
Die Heimholung
Nietzsches Jahre im Wahn. Eine Erzählung
2011. 120 Seiten. ISBN 978-3-7965-2728-9

reflexe 10
Christian Morgenstern / Max Knight
**Galgenlieder und andere Gedichte /
Gallows Songs and Other Poems**
Ausgewählt, übertragen und mit einem Nachwort von Max Knight
Herausgegeben sowie mit einem Nachnachwort versehen von Niklaus Peter
2010. 194 Seiten. Mit 5 Abbildungen. ISBN 978-3-7965-2693-0

reflexe 9
Johann Heinrich Füssli
Aphorismen über die Kunst
Übersetzt und herausgegeben von Eudo C. Mason
Mit einem Nachwort zur Neuausgabe von Matthias Vogel
2012. 199 Seiten, 9 Abbildungen. ISBN 978-3-7965-2692-3

reflexe 8
Wolfgang Rother
Lust
Perspektiven von Platon bis Freud
2010. 152 Seiten. ISBN 978-3-7965-2691-6

reflexe 7
Annemarie Pieper
«Ein Seil, geknüpft zwischen Thier und Übermensch»
Philosophische Erläuterungen zu Nietzsches
Also sprach Zarathustra von 1883
2010. 415 Seiten. ISBN 978-3-7965-2682-4

reflexe 6
Martin Buber
Recht und Unrecht
Deutung einiger Psalmen
Mit einer Nachbemerkung und Anmerkungen
sowie einem Nachwort von Thomas Reichert
2010. 87 Seiten. ISBN 978-3-7965-2662-6

Schwabe reflexe

reflexe 5
Wolfgang Rother
Verbrechen, Folter, Todesstrafe
Philosophische Argumente der Aufklärung
Mit einem Geleitwort von Carla Del Ponte
2010. 141 Seiten. ISBN 978-3-7965-2661-9

reflexe 4
Paracelsus
Werke. Studienausgabe in fünf Bänden
Besorgt von Will-Erich Peuckert
2010. LVI, 2450 Seiten. Broschiert im Schuber
ISBN 978-3-7965-2610-7
(nur geschlossen beziehbar)

reflexe 3
Heinrich Wölfflin
Renaissance und Barock
Eine Untersuchung über Wesen und
Entstehung des Barockstils in Italien
Mit 18 Abbildungen und 16 Tafeln
2009. 170 Seiten. ISBN 978-3-7965-2609-1

reflexe 2
Carl J. Burckhardt
Erinnerungen an Rilke und Hofmannsthal
2009. 93 Seiten. ISBN 978-3-7965-2608-4

reflexe 1
Eduard Kaeser
Pop Science. Essays zur Wissenschaftskultur
2009. 179 Seiten. ISBN 978-3-7965-2607-7

Das Signet des 1488 gegründeten
Druck- und Verlagshauses Schwabe
reicht zurück in die Anfänge der
Buchdruckerkunst und stammt aus
dem Umkreis von Hans Holbein.
Es ist die Druckermarke der Petri;
sie illustriert die Bibelstelle
Jeremia 23,29: «Ist nicht mein Wort
wie Feuer, spricht der Herr,
und wie ein Hammer, der Felsen
zerschmettert?»